사소해서
물어보지 못했지만
궁금했던
이야기 1

사소해서
물어보지 못했지만
궁금했던
이야기 1

사물궁이 잡학지식 기획

김명재 지음

arte

프롤로그
'사소함'이라는 편견에 대하여

"다들 안녕하신가요?"라는 인사가 커다란 울림으로 다가오는 오늘입니다. 훗날 2024년 12월은 '중요한' 일들이 연이어 발생했던 시기로 기록되겠지요. 그런데 역사에서 '중요하다' 혹은 '사소하다'고 할 수 있는 질문은 어떤 것일까요?

기억을 더듬어 보죠. 2024년 11월 말까지만 해도 우리에게 "계엄이 뭐죠?"라는 질문은 사소하고 작은 질문이었을지 모릅니다. 근현대사에 관심을 가지셨던 분들조차 계엄은 민주화 이전 군사정권이 권력을 잡기 위해 악용했던 과거의 유물이라고 생각하셨을 것입니다. 근현대사를 연구하는 저 또한 그러했죠. 하지만 지금은 달라졌습니다. "계엄이 되면 학교에 가도 되는지" "계엄 이후 우리에게 가해지는 제한은 무엇인지" 등을 검색하며 그 사소했던 질문이 현실로 다가온 분께, 이 질문들은 이제 아주 커다란 의미를 지닙니다. 이렇듯 역사에서 사소한 질문은 현실 사회와 사건, 사람들의 의식에 따라 가장 중요한 질문으로 변하기도 합니다. 이것이 제가 〈사물궁이〉에 관심을 가지게 된 이유입니다.

한편, '사소하다'라는 단어는 상당한 편견을 드러내는 단어이기도 합니다. 특히 개항과 일제강점기, 한국전쟁, 군사정권, 민주화, IMF, 촛불시위 등 격동의 시기를 겪었던 한국인들은 오랫동안 빈곤하고 약한 소수자이자 가히 '난민'에 가까운 삶을 살았습니다. 그런데 현재 K-컬쳐, K-팝, 반도체 등으로 대표되는 '선진국' 한국에서는 과거에 중요했던 질문들조차 진부한 것이 되어 버렸습니다.

우리가 한국 근현대사와 그 속에서 배제된 소수자들에게 계속해서 관심을 가져야 하는 이유가 여기에 있습니다. '현재' '다수에게' '중요하게' 생각되는 것들이 언제나 옳지는 않으며, 우리가 언제든 소수자가 될 수 있다는 집단 기억을 상기하고, 우리 사회 안팎의 소수자에게 공감하는 능력을 키우게 하기 때문입니다. 그러하기에 우리의 질문들은 조금은 가벼워 보일지라도 하찮지는 않을 것이며, 보잘것없어 보일지언정 여러분에게 다가오는 의미가 결코 작지 않을 것입니다. 이것이 바로 오늘날 이곳 한국의 사소함과 사소한 질문에 주목해야 하는 이유입니다.

저는 여전히 연구자, 혹은 연구자가 되어 가는 과정에 있기에 독자 여러분들을 만나는 이 책은 저에게 있어 소중한 경험입니다. 다만 제가 만든 여러 질문들과 해답은 저의 좁은 견해와 부족한 연구로 형성된 불완전한 것일 수도 있습니다. 이 불완전한 책에, 독자 여러분의 사소하지만 위대한 질문과 생각을 새롭게 더해 함께 완성해 나갔으면 합니다.

2024년 12월 **김명재**

차례

1부

사소해서 물어보지 못했던
근현대사 이야기

강화도조약에서 일본은 왜 조선을 자주국으로 인정했을까?

우리나라 근대의 시작점을 두고 여러 견해가 있지만, 그중 하나는 1876년 **강화도조약**, 즉 조일수호조규朝日修好條規의 체결 이후를 근대라고 여기는 관점입니다. 그런데 강화도조약은 일본과 대등한 국가로서 조선의 자주권을 인정하면서도, 불평등조약의 요소를 담고 있는 양면적인 성격을 가진 조약으로 평가받습니다. 가령 조약에 포함된 '영사재판권'은 한반도에서 범죄를 저지른 일본인은 조선 법이 아닌 일본 법으로 재판받을 수 있다는 불평등한 내용이었습니다. 이처럼 일본에 유리한 조건이 담긴 강화도조약에서, 일본은 왜 조선을 독립된 국가로서 자주권을 인정했을까요?

1873년 11월 4일 밤, 고종이 아버지 흥선대원군 대신 직접 통치하겠다는 의사를 밝힌 것을 계기로 조선의 정책 방향은 척화에서 개화로 전환되었습니다. 당시 고종은 변화하는 국제 정세를 비교적 적극적으로 받아들이며 국정을 운영하려 했고, 청나라 역시 러시아의 남하를 견제하기 위해 조선에 일본과의 관계를 원만히 하도록 권유했습니다. 이후 대원군의 쇄국 정책과 다른 길을 가겠다고 선택한 조선 정부와, 메이지유신 이후 외교관계 재정립을 추구하던 일본의 이해관계가 맞물리며, 1876년에 강화도조약이 체결되었습니다. 즉 강화도조약은 흥선대원군의 하야, 개항이 불가피함을 깨달은 고종과 민씨 정권의 이해관계, 그리고 수년간 조선과 국교 관계를 맺으려 했던 일본의 노력이 맞물려 이루어진 결과였습니다.

[강화도조약 주요 내용(현대어 편역)]

1조. 조선은 자주국으로서 일본과 평등한 권리를 가진다.

2조. 일본은 15개월 뒤에 수시로 사신을 파견하여 교제 사무를 협의한다.[중략]

5조. 조선은 20개월 이내에 부산 외의 항구 2개를 개항한다.[중략]

7조. 조선은 항해의 안전을 위해 일본 항해자가 조선의 해안을 측량하는 것을 허용한다.[중략]

10조. 개항장에서 일어난 범죄 사건은 속인주의에 입각하여 자국의 법으로 처리한다.[중략]

그런데 강화도조약을 바라보는 두 나라의 시각은 전혀 달랐습니다. 당시 일본은 근대적 조약에 관한 경험과 이해를 바탕으로 경제적 무역 확장에 주안점을 두고 있었던 반면, 근대적 조약을 경험해 본 적이 없던 조선은 경제적 이득보다는 정치적 셈법과 외교관계 정립에 주안점을 두었습니다. 이러한 시각 차이로 인해 조약은 경제적 이권을 얻으려는 일본에 유리한 방향으로 불평등하게 체결됩니다.

특히 조선 정부는 관세에 관한 규정을 조약에 포함하지 않았는데, 이 역시 조선 정부가 근대적 외교적 형식에 익숙하지 않았기 때문에 벌어진 일이었습니다. 당시 조선은 일본에 주로 곡물을 수출하고 있었고 일본은 조선에 영국산 면직물을 수출하고 있었지만, 조약 이후 조선의 곡물이 관세 없이 일본으로 대량 유출되면서 국내 곡물 가격이 치솟았습니다. 이는 도심 지역의 하층민과 곡물을 주식으로 하는 농민들의 생활을 더욱 어렵게 만들었고, 결국 개화 정책에 대한 반발로 이어졌습니다.

이후 관세 문제를 바로잡기 위해 조선은 1880년 제2차 수신사로

곡물을 관세 없이
수입할 수 있으니
좋구나!

김홍집을 파견했습니다. 씁쓸한 사실은 당시 일본 또한 개항 이후 서구와 체결한 자국의 불평등조약을 개선하기 위해 수년간 교섭을 이어 가고 있었다는 것입니다. 일본 정부는 자국의 이익을 위해 서구에 낭한 방식을 통해 배운 것을 그대로 조선에 적용한 것인데, 이 때문에 조선 정부 입장에서 관세 문제 개선과 조약 개정은 쉽게 진행되지 못했습니다.

그러다 1882년에 체결된 **조미수호통상조약**이 관세 문제를 해결할 실마리를 제공합니다. 이 조약에는 사치품에 30퍼센트, 일용품에 10퍼센트 관세를 부과할 수 있다는 조항이 포함되어 있었고, 조선은 이 조약을 근거로 일본을 압박하기 시작합니다. 결국 조미수호통상조약 체결 이듬해인 1883년, 조선은 일본과 조일통상장정을 맺으며 여기에 관세 조항을 포함하는 방식으로 문제를 해결했습니다. 이로써 강화도조약으로 시작된 일본과의 근대적 외교관계 수립 과

정은 어느 정도 마무리될 수 있었습니다.

　이렇듯 강화도조약은 여러 국가의 이해와 권력관계가 복잡하게 맞물려 진행된 조약이었습니다. 특히 1조에서 일본이 조선을 '자주국'으로 인정한 이유는 다양한 관점에서 생각해 볼 수 있습니다. 한편으로 일본이 조선에 대한 청의 영향력을 부정하기 위해 의도적으로 조선을 '자주국'으로 명명했다고 볼 수 있습니다. 그러나 앞서 말했듯 조선 정부는 경제적 이득보다는 서구를 견제하고 국제적인 외교 무대에 뛰어드는 계기로서 강화도조약을 받아들였습니다. 즉 조선 정부에게 강화도조약 1조는 조선이 청의 속국이 아닌 독립된 국가임을 선포하고, 대등한 국가 간의 외교를 맺었다는 의미가 있습니다. 이처럼 강화도조약을 둘러싸고 여러 해석이 존재하지만, 조선에 강화도조약은 '근대'라는 시기에 진입하는 중요한 하나의 기점이 되었음은 분명해 보입니다.

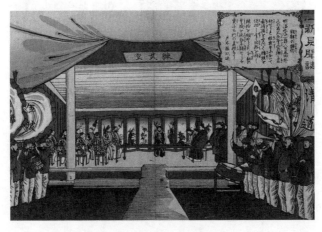

조약 체결 이후 일본에서 제작된 강화도조약 상상도

02

민족 대표 33인은
누가 뽑았을까?

1919년 3.1운동 당시 「기미독립선언서」에 서명한 **민족 대표 33인**은 3.1운동을 계획하고 준비한 지도자로서 식민지 조선인들의 구심점 역할을 했습니다. 그런데 엄혹한 일제강점기에 사람을 모아 투표를 한 것도 아닐 텐데, 민족 대표를 누가 선정했을까요? 또한 민족 대표의 구성을 보면 개신교 인사 16명, 천도교 인사 15명, 불교 인사 2명으로 종교인이 대부분을 차지했던 이유는 무엇일까요?

주제의 질문에 답하기 위해서는 우선 1910년대 식민지 조선 사회에 대해 알아야 합니다. 1910년대 일본은 육군과 헌병경찰제를 바탕으로 입법과 사법, 행정뿐 아니라 군사의 전권을 행사하면서 조선을 지배했습니다. 특히 모든 결사와 집회, 언론과 출판의 자유도 극히 제한되어 독립운동은 고사하고 조선인의 목소리를 모으거나

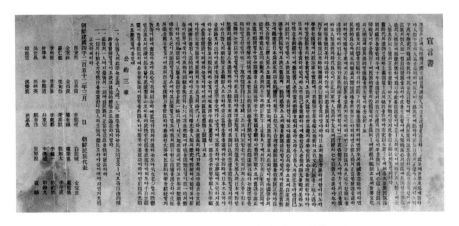

1919년 3월 1일에 민족 대표 33인이 발표한 「기미 독립 선언서」

입장을 대변하는 일반적인 집회와 운동조차 제지되었습니다.

이처럼 억압적인 환경 속에서 그나마 사람들이 합법적으로 모여 세력을 이룰 수 있었던 공간은 종교 시설과 학교였습니다. 3.1운동에서의 개별 시위뿐 아니라 전체 운동을 계획한 지도부 중에 종교인이 많았던 것은 이 때문입니다. 특히 국권 피탈 전후의 정치적·사회적 불안정 속에서 **천도교(동학)**와 **기독교**는 불안한 민심을 수렴하면서 급속히 세를 확장하였습니다.

이 중 동학농민운동 이후 절체절명의 위기에 빠졌던 동학은 3대 교주 손병희가 혼란을 수습하고 내부 결속을 다지며 삼남 지방과 서북 지방에서의 활발한 포교를 통해 조직을 재건하였습니다. 이후 동학은 명칭을 '천도교'로 바꾸고 일종의 근대 종교로 변모하면서, 특히 서북 지방에서 교세가 급격히 성장했습니다. 1916년 7월 천도교 자체 발표에 따르면 천도교 신자는 만주 지역을 포함해 총 107만 3408명에 달했다고 합니다. 이 외에도 천도교는 1910년대에 보성전문학교, 보성중학교, 보성소학교를 인수했으며, 동덕여학교와 문창학교를 운영하는 등 종교뿐 아니라 교육사업에도 적극적으로 나섰습니다.

한편 1900년대에는 정부와 지방 관리, 일본인의 횡포로 재산을 빼앗기고 생명이 위태로운 상황에 내몰린 사람들이 기독교 교회를 찾아 의탁하는 일이 많았습니다. 기록에 따르면 마을 주민 전체가 집단적으로 개종한 사례도 있었다고 합니다. 1918년 기준으로 조선의 기독교 교회는 3154개에 이르렀는데, 특히 경기도를 포함한 황해도, 평안남북도 등 서북 지역에서 강한 교세를 보였습니다. 기독교도 천도교와 마찬가지로 학교를 운영했을 뿐 아니라 1915년에는 주간신문 《기독신보》를 창간했고, 1918년 3월에는 '조선예수교장

감연합협의회'를 조직하여 활동을 확대했습니다.

이렇듯 종교 조직들은 학교와 연결되어 대중을 동원할 능력을 갖췄고, 독자적으로 독립선언을 준비하던 학생 조직과 연대하여 3.1운동을 시노할 수 있는 역량 역시 갖추고 있었습니다. 이러한 역량을 바탕으로 하여 손병희를 중심으로 한 천도교계가 주축이 되어 다른 종교계 인사들과 접촉하며 3.1운동의 지도부를 구성하게 됩니다.

이후 종교인 위주로 꾸려진 대표단에 한계를 느낀 지도부는 대중의 신망을 받는 비종교인들을 영입해 이들을 전면에 내세우려 시도하기도 했습니다. 지도부는 박영효, 김윤식, 한규설, 윤치호 등 비종교인들과 접촉했지만, 비종교인들 대부분이 거절하거나 유보적인 태도를 보이면서 종교계 인물들이 민족 대표로서 전면에 나서게 된 측면도 있습니다. 33인의 민족 대표 중 박희도, 정춘수, 최린 등이 변절했고, 3.1 독립선언 직후 대표단이 스스로 일본 경찰에 체포되었다는 점에서 한계가 지적되기도 하지만, 이들은 전 민족이 함께

학생들이 나서야 한다!

한 거족적 민족운동인 3.1운동의 구심점이 되었습니다.

한편 학생들도 종교계와 더불어 3.1운동의 중요한 주체였습니다. 1910년대 식민지 조선에는 오늘날의 초등학교에 해당하는 보통학교와 중고등학교에 해당하는 고등보통학교, 실업학교, 전문학교 등이 존재하긴 했지만, 학교 수가 절대적으로 부족했습니다. 그마저도 한 학년당 수백 명 정도만 수용하는 제한적인 규모였습니다. 학생 수가 적었던 만큼 학생들은 친목회 형태의 모임이나 동문회를 통해 조직화되어 있었는데, 이 같은 네트워크는 학교 간의 정보 교환망과 연계망이 형성되고 있었음을 뜻합니다. 이런 이유로 학생 조직은 3.1운동의 주요 참여 주체가 되었고, 1920년대에는 언론, 문화, 사회운동의 핵심적인 역할을 수행하며 중요한 역사적 의미를 갖게 되었던 것입니다.

민족 대표 33인

권동진(천도교) 권병덕(천도교) 길선주(개신교) 김병조(개신교)

김완규(천도교) 김창준(개신교) 나용환(천도교) 나인협(천도교)

박동완(개신교) 박준승(천도교) 박희도(개신교) 백용성(불교)

손병희(천도교) 신석구(개신교) 신홍식(개신교) 양전백(개신교)

양한묵(천도교) 오세창(천도교) 오화영(개신교) 유여대(개신교)

이갑성(개신교) 이명룡(개신교) 이승훈(개신교) 이종일(천도교)

이종훈(천도교) 이필주(개신교) 임예환(천도교) 정춘수(개신교)

최린(천도교) 최성모(개신교) 한용운(불교) 홍기조(천도교)

홍병기(천도교)

03

실제 3.1운동의
모습은 어땠을까?

　3.1운동은 일제의 무단통치에 저항하는 사람들이 1919년 3월 1일을 기점으로 한반도 전역과 해외에서 수개월에 걸쳐 진행한 대규모 독립운동입니다. 민족자결주의를 바탕으로 한국의 독립을 선언한 이 운동은 전국적인 만세 시위로 발전했고, 이를 계기로 수립된 3.1운동 지도부와 대한민국임시정부가 독립 후의 국가체제로 민주공화국을 천명함으로써 공화주의의 토대를 마련했습니다.

　여러 매체에서 묘사되듯 1919년의 3.1운동을 떠올리면 거리를 가득 메운 군중이 독립선언서를 낭독하고 태극기를 들어 "대한 독립 만세"를 외치는 장면이 연상됩니다. 그런데 3.1운동은 실제로 그런 모습이었을까요? 결론부터 말하자면 3.1운동의 모습은 지역과 상황에 따라 달랐고, 특히 운동 초기와 서울 지역에서 벌어진 시위에서는 태극기도 흔치 않았습니다. 물론 평양, 선천 같은 평안도 지역이나 대구, 광주 같은 주요 도시에서는 태극기 수백 개가 물결을 이뤘다는 기록이 존재하긴 하지만, 1919년 3월 초 서울과 여러 지역에서는 우리가 흔히 떠올리는 태극기 시위 장면이 자주 나타나지 않았습니다.

그 이유 중 하나는 당시 태극기를 제작하고 배포하는 일이 쉽지 않았기 때문입니다. 그리고 태극기뿐 아니라 장문의 독립선언서와 격문도 대량으로 배포하기 어려웠습니다. 왜냐하면 태극기와 독립선언서를 만들기 위해서는 일제의 감시를 피해 밤새 등사기를 돌려야 했는데, 특히 목판을 만들거나 등사 후 채색을 거쳐야 하는 태극기는 제작이 번거롭고 대량 생산이 어려웠기 때문입니다. 또한 3.1운동 발발 이후에는 일제의 감시와 탄압이 강화되면서 작업이 더욱 어려워졌습니다.

연구자들에 따르면 실제로 3월 1일 서울 지역 시위에서 태극기가 사용되었다는 기록은 거의 남아 있지 않습니다. 그래서 3월 5일 남대문역 앞 시위, 3월 22일 노동자대회, 4월 국민대회에서도 태극기보다는 '조선 독립'이나 '공화 만세'와 같은 구호가 적힌 깃발이 더 중요한 시위 도구로 사용되었습니다. 물론 태극기가 아예 없었던 것은 아닙니다. 선두에 내세울 태극기 몇 개만을 제작하고 선언서를 복사해서 시위에 나섰습니다.

태극기의 역사적 상징성 또한 중요하게 고려되어야 합니다. 태극기는 1883년 1월 27일 조선의 공식 상징으로 채택된 이후 그 의미가 확장되어 갔습니다. 이후 외교와 왕실 행사에서도 사용되었고, 점차 국가경축일의 민가나 독립문 기공식 같은 민간 행사에서도 게양되어 조선과 대한제국을 대표하는 상징이 되었습니다. 특히 1905년

공화정? 황제정? 입헌군주제?

을사조약부터 1910년 한일병합에 이르는 국권 상실의 위기 속에서 태극기는 애국심의 상징으로 자리 잡게 됩니다.

그러나 1919년 3.1운동 당시에는 태극기의 의미가 더욱 복잡해졌습니다. 3.1운동 지도부가 공화주의를 표방한 상황에서, 왕정과 황제 체제의 상징으로 인식되었던 태극기를 민중이 어떻게 받아들일지 예측하기 어려웠기 때문입니다. 따라서, 이러한 복잡한 상징성이 초기 시위에서 태극기가 자주 등장하지 않은 원인 중 하나였을 수도 있습니다.

이렇듯 3.1운동 초기에는 태극기보다 구호나 독립선언서를 내세우는 방식이 주를 이루었지만, 시간이 지나면서 점차 시위 방식도 변화했습니다. 운동의 주도자들은 독립선언서를 구해도 단순히 읽는 데 그치고, 대신 만세 시위를 촉구하는 간단한 격문을 제작해 사용했습니다. 이때 태극기의 상징성과 중요성 역시 점차 커지기 시작했는데, 특히 대형 태극기를 앞세운 시위나, 태극기와 함께 '대한 독립' '대한 독립 만세' '조선 독립 만세' 등의 구호가 적힌 이른 바 '독립기'를 앞세운 시위가 급격히 늘어났습니다. 이는 길고 복잡한 독립선언서를 대중이 즉각적으로 이해하기 어려워했고, 선언문 낭독 도중에 일제의 탄압으로 시위가 중단되거나 와해될 위험이 컸기 때문입니다. 이에 점차 독립선언서 낭독이나 연설 같은 방식은 사라지고, 태극기를 앞세우고 만세를 부르는 방식으로 시위 양상이 집중되었습니다.

정리하자면 태극기가 3.1운동의 상징이자 독립을 상징하는 수단으로서 처음부터 자리를 잡았다고 보기는 어렵습니다. 만세 시위가 전국으로 확산됨에 따라, 독립선언서 낭독 중심이었던 초기의 3.1운동은 점차 태극기와 독립기, 격문을 중심으로 하는 형태로 변화했고, 이러한 변화는 태극기의 상징성이 커지는 동시에, 시위 방식이 간소화되고 대중성을 갖추는 방향으로 진화했음을 보여 줍니다.

04

의열 투쟁에 사용된 폭탄은
누가 만들었을까?

폭탄 투척, 암살, 저격 등 공격적인 형태의 독립운동인 **의열 투쟁**은 3.1운동을 전후로 중요한 흐름으로 자리 잡았습니다. 의열단義烈團과 한인애국단韓人愛國團 같은 단체들이 주도했던 이 투쟁은 적은 인원과 비용으로 큰 성과를 거두며 대중의 항일의식을 각성시킬 수 있다는 점에서 선택된 방식이었습니다. 다만 당시에는 의열 투쟁이라는 용어보다 '작탄炸彈* 투쟁'이나 '암살' '파괴 운동'이라는 말이 더 널리 쓰였습니다. 그렇다면 의열 투쟁에 나설 때 어떻게 폭탄을 만들고 무기를 조달했을까요?

의열 투쟁에 사용된 폭탄의 제조와 조달이 어떻게 이루어졌는지는 **구국모험단**救國冒險團의 활동을 통해 살펴볼 수 있습니다. 구국모험

---

* 화약을 채운 탄환이나 수류탄 형태의 폭탄

단은 3.1운동 이후 무장투쟁의 필요성이 대두되고 파리강화회의에서 외교적 독립 노력이 좌절되던 1919년 6월 12일, 중국 상하이의 프랑스 조계지에서 결성된 단체입니다. 이 단체는 대한민국임시정부 초기에 인정오 등이 무노아여 복법전쟁을 순비하는 과정에서 폭탄 제작을 담당했는데, 일본 정부의 보고서에는 그 내용이 다음과 같이 정리되어 있습니다.

구국모험단

■ 목적: 조선 독립을 위해서는 어떠한 모험도 감행.

■ 수단:

1) 폭탄 제조법을 연구하고 가르침.

2) 폭탄을 제조, 밀조하거나 무기와 폭약을 구입.

단원은 각 지역에서 군자금을 징수하고, 국내외 조선인 부자들이 독립운동에 금전을 모금하며 비협조하는 자를 협박.

－「상해 불령선인의 현황의 건」(기밀 제21호, 1920년 1월 19일),
『독립운동사자료집』제9권(임시정부사자료집),
독립운동사편찬위원회, 1975, 242쪽.(현대어 편역)

구국모험단이 폭탄을 확보하려면 폭탄 제조를 위한 자금과 폭탄 제조 기술, 운반책이 필수적이었습니다. 자금의 경우 대한민국임시정부나 안창호로부터 지원받기도 했고, 임시정부의 재정이 어려워진 이후에는 국내로 자금책을 파견해 자금을 모금했습니다. 이 외에도 한인들이 많이 거주하던 러시아 블라디보스토크의 신한촌이나 중국 봉천 지역에 있는 지부에서 자금을 모집하기도 했습니다.

그리고 폭탄 제조 기술은 외국인들을 통해 전수받은 것으로 추정됩니다. 이들 외국인의 국적은 매우 다양했는데, 영국인과 중국인, 특히 광둥 출신 중국인들이 대표적이었습니다. 왜냐하면, 당시 중국은 1912년 신해혁명으로 중화민국이 성립되었지만, 이후 각 지역 군벌 세력이 통치하는 혼란 속에서 폭탄 및 무기 제조 기술이 크게 발달하고 있었기 때문입니다. 이 시기 외국으로부터 전수받은 폭탄 제조 기술은 구국모험단 구성원들 사이에서 공유되면서 점차 발전했을 것으로 보입니다.

그러나 폭탄 제작은 목숨을 담보로 하는 위험한 일이었습니다. 가령 1919년 9월 15일에는 구국모험단의 봉천 지부에서 독립운동가 전일과 김공집이 폭탄을 제조하던 중 폭발 사고가 일어나 전일이 숨

지는 사고가 발생하기도 했습니다. 또 상하이에서도 여러 차례 폭발 사고가 일어나 프랑스 영사관이 한인들의 폭탄 제조 활동을 경계하기도 했고, 일본 영사관은 이를 구실로 조선인 독립운동가들의 상하이 추방을 요구하기도 했습니다. 여기에 일제에 폭탄 제조 활동이 발각되는 등 독립운동가들은 수많은 고난을 겪어야 했습니다.

이러한 어려움 속에서도 구국모험단의 의열 투쟁은 계속 이어졌습니다. 구국모험단 출신 주요 인물 중 일부는 이후 의열단에서 활동하기도 했는데, 예컨대 앞장서서 동지들을 모은 김원봉과 이종암은 1919년 7월 상하이로 가서 구국모험단 단원들과 3개월간 합숙하며 폭탄 제조법과 조작법을 배웠습니다. 같은 해 10월에 길림으로 돌아온 이들은 그해 11월에 의열단을 조직해 이 기술을 활용합니다.

시간이 흐르면서 의열 투쟁은 더욱 조직화되어 서간도와 재만

주 독립군 조직, 국내 비밀결사 등으로 확대되었습니다. 이러한 흐름 속에서 한인애국단이 주도한 의거들도 이어졌는데, 대표적으로 1932년 1월 8일 이봉창 의사의 도쿄 의거와 같은 해 4월 29일 윤봉길 의사의 상하이 홍커우공원 의거를 들 수 있습니다.

이 중 이봉창 의사의 의거에 사용된 폭탄은 당시 상하이 병공창 병기 주임이었던 김홍일이 중국인 유치劉峙에게 부탁해 마련한 마미수류탄麻尾手榴彈으로, 휴대가 간편하고 멀리 던질 수 있는 특징이 있었습니다. 윤봉길 의사의 의거에 사용된 폭탄 역시 김홍일이 제작했는데, 김홍일은 이봉창 의사의 의거 때보다 더 뛰어난 폭탄을 만들기 위해 중국인 폭탄 기술자인 왕백수王白修의 지도하에 상하이 병공창에서 도시락형 폭탄과 물통형 폭탄을 제작했습니다.

이처럼 목숨을 걸고 의열 투쟁에 나선 의사들의 뒤에는, 마찬가지로 목숨을 걸고 그들에게 무기를 쥐여 주었던 또 다른 동료들이 있었음을 잊어선 안 되겠습니다.

윤봉길 의사가
상하이에서 물통형 폭탄을
투척한 직후의 모습.

05

갑신정변이 실패한 뒤
'반역자' 김옥균은 어떻게 살았을까?

1884년 갑신년에 급진개화파가 주도한 **갑신정변**甲申政變은 '3일 천하'로 막을 내렸습니다. 정변의 주동자 김옥균은 조선 왕조에 반역한 죄로 역적으로 간주되어 극형을 면하기 어려운 상황이었지만, 운 좋게 일본으로 망명해 그곳에서 10년을 보냈습니다. 그렇다면 김옥균은 일본에서 어떤 삶을 살았을까요?

갑신정변은 1876년 개항 이후 조선 근대화의 방향과 속도를 둘러싼 정치적 갈등에서 비롯한 사건입니다. 그 발단에는 1882년에 발생한 임오군란이 있는데, 신식 군대와의 차별에 반발한 구식 군대가 일으킨 군란을 진압하는 과정에서 조선에 대한 청의 영향력이 강화되었고, 이로 인해 조선의 개화 정책 주도권이 온건개화파와 친청 세력에게 넘어갔습니다.

여기에 반발한 김옥균과 박영효 등 개화당 인사들은 청나라의 영향에서 벗어나 독립된 국권을 확립하기 위해 정변을 계획했습니다. 개화당은 외국 영사들의 지지를 얻으려 노력했고, 1884년 청나라가 프랑스와의 전쟁으로 조선 주둔 병력을 줄이자 이를 기회로 삼았습니다. 그들은 일본 공사 다케조에 신이치로竹添進一郞와 접촉해 같은 해 10월 8일, 정변의 세부 계획을 최종 협의했고, 1884년 10월 17일, 별궁 방화를 시작으로 정변을 일으켜 권력을 장악했습니다. 이틀 뒤인 10월 19일에는 정령을 반포하며 개혁을 추진하려 했지만, 청나라 군대의 신속한 대응과 일본 군대의 소극적인 개입, 민심의 저항, 그리고 고종을 포함한 권력 기반을 확보하지 못한 점 등 여러 요인으로 인해 갑신정변은 3일 만에 실패로 끝나고 맙니다. 결국 1884년 12월, 김옥균을 비롯한 주도 세력은 일본으로 망명할 수밖에 없었습니다.

갑신정변을 주도했던 김옥균

이후 조선 정부는 갑신정변의 후유증을 수습하기 위해 '반역자' 김옥균을 일본에서 송환받으려 꾸준히 노력했습니다. 이를 위해 조선 정부는 외교 채널을 통해 일본에 김옥균과 그의 동료들의 인도를 요구하는 한편, 암살자를 보내 김옥균의 신변을 위협했습니다. 특히 1885년경 김옥균이 폭도를 이끌고 조선을 습격하려 한다는 소문이 서울에 퍼지고 이를 뒷받침하는 듯한 김옥균의 서간이 발견되면서, 조선 정부의 송환 요구와 암살 시도는 더욱 강력해졌습니다.

일본 정부는 초기에 김옥균의 망명 사실을 부인했으나, 점차 그를 외교적 지렛대로 활용하려 했습니다. 갑신정변 이후 조선에 대한 일본의 영향력이 약해진 상황에서 김옥균의 송환 문제를 협상에서 유리하게 이용하려 했던 것입니다. 그러나 조선 정부가 지속적으로 암살자를 파견하는 상황에서 김옥균이 일본 내에서 암살당할 경우 국제사회에서 일본의 입지가 손상될 위험이 있었습니다. 그렇다고 김옥균을 조선에 송환할 수도 없었고, 일본 내에 그대로 두면 그가 반정부 세력과 연대할 가능성도 우려해야 했습니다.

이러한 복잡한 상황에서 일본 정부는 국제법을 근거로 조선의 송

환 요구를 거부하는 동시에, 김옥균을 오가사와라 홋카이도 같은 일본의 변방으로 유배시켰습니다. 김옥균은 이러한 조치에 반발하며 신병 치료를 위해 도쿄로 돌아가거나 미국으로 이주하겠다고 꾸준히 요청했지만 일본 정부는 이를 묵살했습니다.

그러다 1891년, 일본이 청일전쟁을 준비하며 대외정책을 강경책으로 전환하면서 김옥균은 다시 도쿄로 돌아와 정치활동을 재개할 수 있게 되었습니다. 그러나 이후에도 그를 정권에 위협적인 인물로 간주한 고종과 그 측근들은 공식적으로 송환을 요구하고 암살자를 파견하여 제거하려는 시도를 이어갔습니다.

김옥균은 1894년 3월 23일, 드디어 일본 고베를 떠나 상하이로 향하면서 10년에 걸친 일본 망명 생활을 마치게 됩니다. 일본 체류 기간 중 절반을 병마에 시달리거나 유배 생활로 보낸 그는, 당시 청과 일본 간의 전쟁 분위기가 고조되는 가운데 죽음의 위협을 무릅

쓰고 청의 핵심 인물 이홍장을 만나기 위해 상하이로 향했습니다. 그런데 상하이에 도착한 다음 날인 3월 27일에 김옥균은 고종의 밀명을 받은 홍종우에 의해 암살당합니다. 이 사건은 일본에서도 대서특필되었고, 조선 정부와 청나라의 공모설이 제기되면서 전쟁 분위기를 더욱 고조시켰습니다. 결국 4개월 후, 일본군이 경복궁을 점령하고 청에 선제공격을 감행하면서 청일전쟁이 발발합니다.

이렇듯 김옥균은 일본에서 망명자로서 제대로 된 대우를 받지 못한 채 감시와 통제 속에 살았고, 조선의 송환 요구와 암살 위협에 시달리며 불안한 나날을 보냈습니다. 그러나 그의 죽음 이후 김옥균을 바라보는 시각은 다양해졌습니다. 일본에서는 조선의 혁명 지사이자 비운의 정치가로 해석되어 문학작품의 소재가 되었고, 갑오개혁 때는 사면 복권되었으며, 시간이 지나 한일병합이 이루어진 1910년에는 개혁적 노력을 인정한다며 충달공忠達公이라는 시호를 받았습니다. 이처럼 그에 대한 해석은 근대의 혼란과 함께 새롭게 전개되어 갔습니다.

06

의병들은 왜 스스로를
'의병^{義兵}'이라 칭했을까?

조선시대뿐 아니라 19세기 말에서 20세기 초까지, 일본 등 외세의 침략이나 국권 위협에 맞서 백성들이 자발적으로 결성한 민병조직을 **의병**義兵이라고 부릅니다. 흥미로운 점은 의병이라는 명칭이 후대에 붙여진 것이 아니라 당시부터 사용되었으며, 의병들 스스로도 자신을 의병이라 칭했다는 사실입니다. 그렇다면 왜 하필 이들은 자신을 '의병'이라 불렀으며, 의병 활동에 참여하게 된 동기는 무엇이었을까요?

근대 의병 운동은 1895년에 시작되었지만 일제의 식민화에 맞선 본격적인 항일투쟁으로 발전한 것은 1905년 을사조약 전후입니다. 이 시기 의병 운동은 양반 유생뿐 아니라 평민 출신까지 다양한 계층이 참여하며 확산되었는데, 특히 1907년 8월 「정미7조약」에 의해 대한제국 군대가 해산되자 해산된 군대 일부가 의병으로 전환하면서 더욱 격렬해졌습니다. 이때부터 의병은 신식 무기를 대량 갖추고 새로운 전술을 도입했으며, 지도부에도 양반 유생과 전직 관료 외에 해산 군인, 농민, 상인, 포수 등이 참여했습니다.

이 시기 의병 활동은 일제의 침략 거점인 도시와 철도 및 간선도로를 제외하면 의병이 일어나지 않은 곳이 거의 없었을 정도로 전국적으로 확산되었습니다. 당시 죽거나 다친 사람도 많았는데, 스스로를 의병이라 칭한 사람들은 1906년부터 1911년까지 진행된 3000여 회의 전투에서 전사 1만 7779명, 부상 3706명, 체포 2319명이라는 엄청난 희생을 치렀고, 살아남은 의병들은 만주와 러시아 연해주로 이동해 독립군으로 전환하며 투쟁을 이어 갔습니다.

그런데 최근 연구들은 의병 운동에 참여한 다양한 주체들이 자신을 '의병'으로 칭하면서도, 저마다 그 참여 목적과 맥락이 달랐다

는 사실에 주목하고 있습니다. 먼저 유생 출신 의병들은 국권을 지키는 것이 곧 왕실과 성리학적 가치를 지키는 것이라고 여겼습니다. 가령 유교 학파 중 화서학파의 사상을 이어받은 유생인 유인석은 향약을 실천하여 주자의 유교사상을 보존해야 한다고 강조했고, 유교 질서의 회복을 주장하면서 의병 운동에 적극 참여하였습니다. 국제법을 소화하는 등 유생 의병장들은 세계정세를 나름대로 이해하였지만, 그 구체적인 실천 이념은 철저히 성리학적 의리론에 기반을 두고 있었다는 점에서 독특하다고 할 수 있습니다.

한편 평민층에선 근대 시기에 등장한 '국민' '민족' '동포' 같은 개념을 일부 받아들이는 모습이 나타났습니다. 그러나 이들 역시 조선 후기 이래 보편화된 성리학의 영향을 강하게 받았습니다. 평민층은 새로 받아들인 개념들을 '의(義)'를 지키기 위한 투쟁으로 연결하는 경향을 보였고, 이를 바탕으로 의병 활동에 나섰습니다.

반면 의병에 참여한 또 다른 집단인 화적의 경우는 조금 달랐습니다. 이들은 봉기에 참여했지만, 의병 주도층에 의해 배척되거나 의병 부대 내에서 실질적으로 소외되는 경우가 많았습니다. 왜냐하면, 화적 집단 중 일부가 의병 활동 자체보다는 생존을 위한 방편으로 의병 이름을 내세운 사례가 많았기 때문입니다.

　　그런데 의병들이 아무리 저마다 '의'를 칭하며 자신의 정당성을 내세웠어도 마을 주민들에겐 전혀 다르게 받아들여졌을 수 있습니다. 대표적으로 경기도 양근군 분원마을의 사례를 보면 처음 이 마을에 들어온 의병들은 대의를 내세우며 주민들에게 빈번하게 물자 지원을 요구하면서 힘들게 했습니다. 게다가 의병을 진압하러 번갈아 들어오는 조선 관군과 일본군도 마을 사람들을 괴롭히고 수탈했습니다. 결국 반복되는 '의병'과 이를 둘러싼 전투는 마을 사람들에

게 갈등의 대상이 되었습니다.

　이렇듯 의병 활동에 참여한 여러 주체들은 저마다 다른 목적과 지향을 품고 의병을 진행했습니다. 그래서 이들의 활동을 단순히 민족주의만으로 설명할 수 없는 것이었고, 실제 투쟁 과정에서는 각자의 고유한 생각과 바람이 드러났습니다. 비록 '반일'이라는 실제적인 투쟁 목적은 같았지만, 그 속에 담긴 각자의 맥락과 지향은 달랐던 것입니다. 이런 다양한 지향점들을 가진 의병 참여자들은 자신의 요구와 목적을 '의'라는 개념에 녹여 투쟁을 이어 갔고, 각자의 방식대로 '의'를 해석하며 자신을 '의병'이라 칭했던 것입니다.

07

근대 시기 한국 역사상
최악의 오보는?

때때로 신문에는 잘못된 보도, 즉 오보誤報가 나기도 합니다. 이런 경우 신문사들은 오보의 경위를 설명하고 사과한 뒤 정정 기사로 바로잡지만, 오보가 미치는 영향은 예상보다 훨씬 커서 돌이킬 수 없는 결과를 낳기도 합니다. 그렇다면 근대 시기 신문들은 어떤 오보를 냈고, 이로 인해 어떤 일들이 벌어졌을까요?

3.1운동 이후 1920년에 조선어 신문이 생겨난 이래, 조선 신문들은 조선인들의 목소리를 대변하고 정치적 의견을 담아냈습니다. 그러나 이 과정에서 신문사 간 경쟁이 격화되면서 오보가 발생하기도 했는데, 대표적인 사례가 1931년 7월 2일 발생한 만보산사건萬寶山事件에 대한 오보입니다.

1931년은 세계 대공황으로 인한 경제위기 속에서 조선인들의 삶이 매우 어려웠던 때입니다. 이 시기 많은 농민이 만주로 이주했고, 자연스럽게 이주 조선인과 현지인들의 갈등도 늘어났습니다. 특히 1931년 중국 길림성 장춘현 만보산 지역에서 조선인 농민과 중국 농민들 사이에 수도 개척을 둘러싼 충돌이 일어났는데, 이 분쟁은 일본 장춘 영사관과 중국 경찰까지 개입하면서 격화되었었습니다.

그런데 한 신문사의 장춘 지역 특파원이었던 김이삼은 만보산사건을 보도하며 충돌 과정에서 조선인 사망자가 여럿 발생했다는 잘못된 내용을 사실 확인 없이 전했습니다. 김이삼은 1920년대 중반부터 재만주 조선인 문제의 전문가로서 신속하고 정확한 기사를 써온 기자였기 때문에 중앙 데스크에서도 이 보도를 사실 관계 확인 없이 내보낸 것으로 보입니다. 이후 해당 신문사의 본사는 7월 2일 석간과 같은 달 3일 조간, 두 차례에 걸쳐 중국인과의 충돌로 조선인 측에 사상자가 발생했다는 잘못된 사실을 담은 호외를 배포했습니다.

[삼성보 동포들의 고난 더욱 심해지고 있어]

200여 명 다시 습격당해

완성된 관개용 수로 공사 전부 파괴

중국 농민들 대규모 폭행 자행

-1931.7.3. 기사(현대어 편역)

그러나 이 오보가 가져온 결과는 참혹했습니다. 호외가 배포된 직후인 7월 3일 오전, 인천 화교 거리에서는 중국인에게 분노한 조선인들이 일으킨 이른바 배화폭동排華暴動이 시작되어 같은 날 오후 8시 30분부터는 파출소 앞에서 조선 군중 4000여 명이 시위를 벌였고, 화교 상점 및 화교 마을 습격 등이 잇따라 일어났습니다. 그렇게 인천에서 시작된 폭동은 경성과 평양, 원산, 사리원, 개성, 공주 등 전국 각지로 확산되었습니다.

오보와 함께 각종 유언비어가 퍼지면서 폭동은 더욱 격화되었습니다. 여기에는 조선인들이 이주 중국인들에게 품고 있던 누적된 감정, 대공황 속 저임금 중국 노동자들과의 경쟁 심화, 그리고 식민지 당국의 방관적 태도 등 여러 요인이 복합적으로 작용했습니다. 결국 격화된 폭동으로 인해 중국인 127명이 사망했고 393명이 부상을 입었으며, 막대한 재산 피해가 발생했습니다. 또한 같은 해 9월

만주사변 발발 전후까지 약 10만 명에 이르던 만주 거주 중국인 중 약 3만 명이 귀국하는 사태가 벌어졌습니다. 이 사건은 단순히 특징 신문의 오보뿐 아니라 다른 조선인 언론들의 민족주의적이고 선정적인 보도 행태가 사태를 악화시켰던 대표적인 사례로 기록되고 있습니다.

또 다른 중대한 오보 사건은 1945년 해방 이후 발생한 신탁통치 관련 보도입니다. 제2차세계대전 직후 남조선은 미국이, 북조선은 소련이 점령하여 한반도가 분단된 상황에서, 한반도 문제를 처리하기 위한 모스크바삼상회의가 개최되었습니다. 당연히 회의 결과는 모든 이들의 초미의 관심사였습니다.

그런데 모스크바회의의 결정서가 발표되기 하루 전날인 1945년 12월 27일, 한 신문사에서 "소련은 조선을 신탁통치할 것을 주장하고(찬탁), 미국은 조선의 즉시 독립을 주장했다(반탁)"라는 보도를 내놓습니다.

소련은 신탁통치 주장

소련의 구실은 삼팔선 분할 점령

미국은 즉시 독립 주장

- 1945.12.27. 기사 (현대어 편역)

당시 여러 신문사에서 잘못된 내용을 따라서 보도했는데, 사실은 정반대였습니다. 당시 신탁통치안은 제2차세계대전 이후 식민지였던 지역들의 처리를 위해 미국에서 구상했던 정책 기조였습니다. 실제로는 모스크바 3상 외상회의에서 신탁통치를 주장한 쪽은 미국이었고, 소련은 오히려 이에 이의를 제기한 쪽이었습니다. 그러나 언론 보도들의 영향력은 상당했는데, 남한 사회는 친일파 청산이나 즉각적인 독립, 정부 구성을 논의하는 대신, 신탁통치에 반대하는 편과 찬성하는 편으로 나뉘어 극심한 혼란을 겪게 되었습니다.

이후 해당 신문사는 해당 보도가 고의적인 조작이나 왜곡 보도가 아니었으며, 다른 신문들도 같은 기사를 실었다고 해명했습니다. 그러나 오보로 인해 남한 사회가 급격하게 재편된 것은 부인할 수 없는 사실이었습니다. 이는 사실 관계 확인 없이 외신 기사를 그대로 가져와 보도하던 한국 언론의 관행이 불러온 안타까운 결과라고 할 수 있겠습니다.

08

친일파들은 독립이 절대
안 된다고 생각했던 걸까?

2015년에 개봉한 한 영화에서 독립운동가로 활동하다가 밀정密
偵으로 변절한 인물이 등장합니다. 해방 이후 변절자를 처단하기 위
해 옛 동료들이 찾아왔는데, 그때 그는 "해방이 될 줄 몰랐다"라며
자신의 변절을 정당화하는 대사를 내뱉어 많은 이들에게 깊은 인상
을 남겨 주었습니다. 그런데 실제로도 친일파들은 조선이 절대 독
립을 할 수 없을 것이라고 생각했을까요? 그렇다면 그들이 그렇게
믿은 이유는 무엇일까요?

주제의 질문에 답하기 위해서는 일제 강점 말기의 국제 정세에
대해 알아야 합니다. 1931년 만주사변을 일으킨 일본은 1937년 중
국을 선제공격하며 중일전쟁을 시작했습니다. 당시 식민지 조선의
많은 지식인들은 중일전쟁이 공산주의국가인 소련과의 전쟁으로

이어질 것이며, 결국 일본이 패망할 것이라고 예측했지만 중일전쟁은 일본에 유리한 방향으로 흘러갔고, 일본은 전선에서 승리를 거듭하며 중국 대륙을 장악해 나갔습니다. 중일전쟁이 국제사회에 일본의 제국적이고 물리적인 힘을 과시하는 계기가 되어 버린 것입니다.

이후 중일전쟁이 장기화되자 1939년 말 일본의 고노에 후미마로近衛文麿 수상은 중국에 대한 완전한 무력 정복을 포기하는 대신 중국을 '동아신질서東亞新秩序'의 중요한 일원으로 받아들이겠다는 성명을 발표했습니다. 일본을 중심으로 아시아의 질서를 세워 아시아를 서구로부터 해방시키겠다는 이 '동아신질서' 계획에는 일본의 식민지 조선도 포함되어 있었습니다. 이는 일본이 펼친 일종의 선전 전략이었는데, 일본은 조선인을 식민지인이 아닌 일본의 국민이자 제국의 충실한 신민臣民으로 동등하게 대우해 줄 것이며, 모든 차별을 근절하겠다고 홍보한 것입니다.

여기에 동조한 많은 조선인들이 일본의 힘을 인정하거나 전향해 친일로 돌아서기 시작

1941년 일본에서 제작된 〈대동아공영권 지도〉
©천안박물관 소장

했고, 조선이 일본에 편입되는 게 조선 민족의 이익이 될 수 있다고
믿는 사람들도 생겨났습니다.

전향의 움직임은 민족주의자로 대표되던 사람들 사이에서도 나
타났는데, 대표적인 인물로 **최남선**이 있습니다. 3.1운동의 민족 대표
33인의 핵심 인물이었던 최남선은 본래 조선의 역사에 깊은 애정을
보였지만, 점차 일본의 식민정책에 동조하기 시작했습니다. 1928년
에 최남선은 일제의 식민사관을 만들어 낸 조선사편수회朝鮮史編修會
에 참여했고, 만주사변 이후인 1939년 5월에는 만주국립건국대학
의 교수로 부임했습니다. 또 그는 냉혹한 국제 현실 속에서 조선 민
족이 이익을 얻을 현실적인 방법은 일본에 협력하는 것이라고 믿으
며 일본의 전쟁 도발을 지지하는 글도 여러 차례 발표했습니다.

그러나 1941년에 발생한 두 사건으로 세계정세는 또 한 번 크게 뒤바꿉니다. 1941년 6월 독일의 소련 침공과 12월 일본의 진주만 공격으로 강대국 미국과 소련이 본격 참전하면서 전세가 역전된 것입니다. 이 시기 일제는 각종 선전과 선동을 통해 전세가 불리해지고 있다는 사실을 숨긴 채 식민지인들을 전쟁에 동원하거나 농업 생산물이나 기물을 가져가는 일을 일삼았습니다. 이런 상황에서 최남선은 1943년 11월에 도쿄에 가서 조선인 유학생들에게 학병 지원을 권유하기에 이릅니다.

그렇게 친일 행적을 보이던 최남선은 1945년 해방 이후 1949년 2월, '반민족행위'라는 죄목으로 마포형무소에 수감됩니다. 그는 1948년 9월에 공포된 반민족행위처벌법에 따라 이광수와 함께 체포되었고, 반민족행위 특별조사위원장 앞으로 참회의 글인「자열서」를 제출했습니다.

> 당시 내가 조선 청년들을 설득할 때 주장했던 요지는 이러했다. 이번 전쟁이 세계 역사적으로 피할 수 없는 흐름에서 일어난 것이기에 결국에는 전 세계 모든 민족이 참여하게 될 것이며, [중략] 이 기회를 통해 이상과 열정, 능력을 가진 학생 청년층이 조직과 전투, 사회의 중심 세력이 되는 데 필요한 역량을 키워, 다가오는 새로운 운명에 대비하자는 것이다.
>
> – 최남선「자열서」(현대어 편역)

「자열서」에서 최남선이 특히 가슴 아프게 회고한 것은 두 가지였습니다. 태평양전쟁 때 조선의 젊은이들에게 학병 지원을 권유했던 일과, 조선사편수회에 들어가 조선총독부의 녹을 받기 시작했던 일이었습니다. 이는 민족에 대한 그의 신념이 제국 혹은 국가에 대한 굴종과 뒤엉켜 있었음을 보여 줍니다. 최남선은 얼마 뒤 보석으로 풀려났고, 같은 해 5월에 재판을 받았습니다.

영화 속 "해방이 될 줄 몰랐다"라는 대사처럼, 많은 친일파들은 실제로 일본 제국의 패망 가능성을 보지 못했거나, 혹은 보지 않으려 했던 것인지도 모르겠습니다.

2부

보면 볼수록 흥미로운 근현대 문화 이야기

옛날에는 소리 내어 책을 읽었다던데
언제부터 조용히 읽는 걸로 바뀌었을까?

옛 서당이나 서원에서는 학생들이 책을 읽을 때 문장의 흐름에 따라 저마다 몸을 흔들며 소리 내어 읽는 것이 일반적이었습니다. 이렇게 밖으로 소리를 내어 읽는 방식을 **낭독**朗讀, 반대로 소리 내지 않고 눈으로 읽는 방식을 **묵독**默讀이라고 하는데, 함께 낭독하며 책을 읽는 것이 전통적인 독서 풍경이었습니다. 그러나 근대에 들어서면서 사람들의 독서 방식에 큰 변화가 일어났고, 오늘날 학교나 도서관에서 대부분 묵독을 합니다. 만약 여러분이 공공시설에서 큰 소리로 낭독을 한다면 모든 사람이 이상하게 쳐다볼 것입니다. 그렇다면 책을 읽는 방식은 언제, 그리고 왜 이렇게 변화하게 됐을까요?

1910년대까지만 해도 묵독은 도서관이나 학교 같은 공공장소에서조차 낯선 방식이었습니다. 당시에는 '외국 대학에서는 수백 명이 모여 공부하는데도 책장 넘기는 소리밖에 들리지 않는다'라는 사실이 신기한 일로 소개될 정도였습니다. 그러나 1910년대 이후 소리를 내며 읽는 전통적인 독서 방법은 점차 우스꽝스럽게 여겨졌고, 눈으로 읽는 묵독이 주류 독서 방식으로 자리 잡았습니다. 특히 1920년대 후반 도서관에서는 묵독 규율이 확실히 정착하며 오늘날과 같은 독서 풍경이 형성되었습니다.

묵독이 급속히 확산된 데에는 여러 요인이 있었지만, 개항 이후 등장한 신식 학교와 일제강점기 학교교육이 큰 영향을 미친 것으로 보입니다. 근대 이전의 교육은 주요 유교 경전을 중심으로 정해진 텍스트를 반복적으로 읽고 외우는 방식으로 이루어졌습니다. 그러나 서구의 학문 분류와 교과과정을 도입한 신식 학교의 교육은, 국어, 영어 수학 등 동등한 지위를 가진 여러 과목을 동시에 학습하는 방식으로 바뀌었습니다. 이에 따라 독서 방식도 책 한 권을 암송하듯 반복해서 읽던 전통에서 벗어나, 교과서와 참고서 여러 권을 병

렬적으로 읽는 형태로 변화했습니다. 이런 독서 방식이 자리 잡으면서 학교에서는 실내 정숙이 중요한 규율로 정착되었고, 학생들은 자연스럽게 묵독을 체득하게 되었습니다.

그리고 이 시기에는 책을 만드는 기술이 더욱 발전하면서 출간되는 책의 종류와 부수 또한 획기적으로 늘어났습니다. 대중 독자층의 문해력을 고려한 저렴한 도서들이 다수 출간되었는데, 책에 대한 접근성이 높아지자 독자들의 독서 능력이 자연스럽게 향상되는 현상도 나타났고, 그동안 주목받지 못했던 어린이, 청년, 여성 등도 새로운 독자층으로 부상하기도 했습니다. 그러면서 이들을 위한 맞춤형 도서도 다양하게 출간되었는데, 대표적인 예로 어린이날의 창시자로 유명한 방정환이 펴낸 번역 동화집『사랑의 선물』은 1920년대 최고의 베스트셀러 중 하나였다고 합니다.

이 과정에서 독서가 지식 획득의 수단이자 '취미'가 되었다는 점도 묵독이 정착될 수 있던 중요한 요인이었습니다. 1920년대에 발

내 취미는 독서야!

행된 한 신문 사설은 독자들에게 "문명인의 특색인 독서 취미"를 양성할 것을 권하며, 독서를 진정한 쾌락을 얻는 수단으로 강조했습니다. '독서 취미론'은 문명이 곧 힘이며 지식이라는 계몽적 사고에서 비롯된 것이었습니다. 이러한 시대적 흐름 속에서 묵독은 문명의 힘으로 지식과 취미를 더욱 다양하고 빠르게 습득할 수 있는 효과적인 방식으로 자리 잡았습니다.

　물론 이 시기에도 낭독은 여전히 중요한 역할을 했습니다. 1890년 대에는 최초의 순한글 신문인 《독립신문》을 소리 내어 읽는 문화가 이어졌고, 1920년대에는 종람소와 청년회를 중심으로 함께 읽고 토론하는 독서 활동이 활발히 이루어졌습니다. 여기서 종람소란 신문, 잡지, 서적 등을 비치해 두고 일정 비용을 내면 누구나 읽을 수 있는 공간으로, 당시 대중이 인쇄물을 개인적으로 구매하기 어려운 상황

에서 각 지역의 유지들이 운영하며 독서 문화를 이어가도록 돕는 중요한 역할을 했습니다. 특히 신문과 잡지는 온 마을 사람들이 돌아가며 읽었고, 글을 모르는 사람들을 위해 신문종람소에서 신문을 낭독해 주기도 했습니다. 이렇듯 묵독 문화가 정착된 뒤에도 낭독은 여러 사람이 정치적·사회적 문제를 논의하고 소통하는 데 큰 힘을 발휘했으며, 중요한 기사를 공유하고 정보를 전달하며 토론하는 데 필수적인 역할을 했습니다.

10

유행에서 밀려난 혈액형별 성격설은
언제 처음 유행하기 시작했을까?

2019년 말부터 사람의 성격을 16가지로 분류하는 MBTI 검사가 유행하기 시작했습니다. MBTI가 유행하기 전에는 "A형은 소심하다"나 "B형은 이기적이다" 같은 혈액형에 따라 성격을 분류하는 혈액형 성격 검사가 인기를 끌었는데, 대부분은 재미로 이야기되었고, 과학적 근거는 없었습니다. 사실 혈액형별 성격설이 유행한 나라도 한국과 일본뿐이었습니다. 그렇다면 왜 이 두 나라에서 혈액형 분류법이 탄생하고 유행했을까요?

혈액형이란 인체에 들어온 이물질로 인한 피해를 막기 위해 몸이 갖는 면역 작용인 항원에 따라 혈액을 분류하는 방식입니다. 그런데 사람마다 혈액형이 다르다는 사실이 밝혀진 것은 채 200년이 되지 않았습니다. 혈액형의 발견은 피가 부족한 사람에게 다른 사람의 혈액을 주입하는 수혈 연구와도 관련이 있는데, 안전한 수혈 방법을 연구하던 의료진이 사람들의 피가 서로 다른 성질을 가지고 있음을 발견한 것입니다. 1901년 오스트리아 의학자 칼 란트슈타이너Karl Landsteiner는 사람의 피를 세 유형으로 나눴고, 이를 각각 A, B, O형이라고 이름 지었습니다.

한편 19세기 후반에는 독일 나치즘의 인종주의와 함께 우생학優生學이 유행했습니다. 영국의 프랜시스 골턴Francis Galton이 창시한 우생학은 한마디로 유전자를 개량하여 '우수한' 종을 만들려고 했던 학문입니다. 이 학문은 1920년대부터 일본에서도 연구가 활발히 진행되었고, 1926년에는 일본우생학회와 일본민족위생학회의 창립으로 이어지기도 했습니다.

그런데 일본에서 우생학이 1931년 만주사변 이후 본격화되었던 일본 제국주의의 팽창과 함께 유행하였다는 사실은 중요한 의미를

지닙니다. 일본은 우생학을 이용해 일본인과 그들이 식민 통치하던 주변 민족과 인종을 구분 지으려 했습니다. 이는 당시 서구가 아닌 국가 중에서 거의 유일하게 식민지를 가진 '제국'이 된 일본이 처한 딜레마적 상황과 관련이 깊습니다.

일본은 다른 제국들보다 뒤늦게 팽창을 시작했던 후발 자본주의 국가였고, 청일전쟁 승리 후 영국과 미국의 도움을 받아 러일전쟁에서도 승리한 뒤에야 간신히 제국의 지위를 얻을 수 있었습니다. 또한 서구 제국들은 주로 다른 대륙을 침탈하며 피부색이나 머리카락 색 등 외모적 차이로 식민지 국민과 자신을 쉽게 구분할 수 있었던 반면, 같은 동아시아 국가들을 침탈한 일본은 식민지 국민과 외

1898년에 프랑스 주간지에 실린 만평.
청일전쟁 이후 중국에서 이권을 차지하려는
서방 강대국과 일본의 모습을 풍자했다.
중국인과 비교적 유사한 외모를 지닌 일본은
끊임없이 자신을 다른 아시아·식민지민들과
구분하려 했다.

모 면에서 뚜렷한 차이가 거의 없었습니다. 게다가 일본이 식민지나 점령지로 삼은 조선, 대만, 류큐, 중국 등은 문화적으로도 일본보다 결코 뒤처지지 않았고, 오히려 일본이 이들로부터 많은 문화적 영향을 받기도 했습니다. 이런 상황에서 일본은 빠르게 서구의 문물을 받아들여 군국주의와 자본주의 체제를 갖추어 식민지 침탈과 지배를 진행했고, 일본 민족의 우월성을 강조하면서 일본인과 식민지민들을 구분 짓는 일에 힘을 쏟았던 것입니다.

나아가 일본은 공식적인 선전 논리로 동화주의同化主義와 내선일체內鮮一體를 내세워 일본인과 식민지인들의 '인종적 근친성(가까움)'을 강조했는데, 이러한 '가까움'은 오히려 제국 일본의 우월성을 손상하는 불안 요소로 작용하기도 했습니다. 따라서 이를 해소하면서 일본인의 인종적 우월성을 '과학적'으로 입증할 도구가 필요했고, 그것이 바로 혈액형이었습니다. 즉 혈액형을 통해 일본은 동화주의

를 유지하면서도 일본 민족의 특권적 지위를 정당화하는 인종주의적 논리를 만들어 낼 수 있었던 것입니다.

대표적으로 일본 과학자 후루하타 다네모토古畑種基는 무려 30만명을 대상으로 혈액형 조사를 실시했고, 독일의 과학자 힐슈펠트Ludwick Hirschfeld의 영향을 받아 이를 '생화학적 인종계수Biochemical Race Index'로 측정하였습니다. 여기서 생화학적 인종계수란 B형(B형+AB형)인 사람 수 대비 A형인 사람 수(A형+AB형)의 비율을 계산한 값으로, B형에 비해 A형이 더 진화된 형태라는 가정에서 출발합니다. 또 여기에는 백인종일수록 A형의 출현 빈도가 높고, 유색인종일수록 B형의 출현 빈도가 높다는 전제가 깔려 있었습니다. 일본은 이 인종계수를 활용해 주변 아시아 민족 및 인종과 일본인의 차이를 강조하며, 일본인의 혈통과 인종이 순수하고 다른 아시아 민족보다 더 우수하다는 주장을 펼쳤습니다.

이와 함께 후루카와 다케지古川竹二는 혈액형과 성격(기질) 담론을 창안하여 「혈액형에 의한 기질의 연구」를 발표했습니다. 이 연구에서 그는 O형과 B형을 적극적이고 진취적인 성격으로, A형을 소극적이고 보수적인 성격으로 구분하였습니다.

흥미로운 것은, 이 연구가 발표된 이후 혈액형과 성격 간 관계에 과학적인 근거가 없다는 비판이 학계의 주류를 이뤘음에도 불구하고, 1920년대와 1930년대 당시 일본에서 혈액형에 대한 관심은 오히려 높아졌다는 것입니다. 그래서 일본 의학계는 혈액형과 관련된 서구 의학의 연구 성과를 거의 실시간으로 받아들이며, 여러 임상 실험을 통해 혈액형의 의학적 활용 가능성을 모색했습니다. 또 심

리학과 범죄학 등 의학 외의 인접 학문에서도 혈액형과 관련된 다양한 연구 결과를 발표했습니다. 이런 시도들로 1930년경에는 일본 대중의 혈액형에 대한 관심이 '혈액형 붐'이라 할 정도로 커졌고, 혈액형 연구는 식민지 조선의 경성제국대학에서도 이루어지는 등 한국에서도 혈액형별 성격 담론이 오랫동안 지속된 것입니다.

11

근현대에 중요한 사건 소식은
사람들에게 어떻게 전파됐을까?

　근현대 시대극에서 자주 등장하는 장면 중 하나는 신문 배달하는 소년들이 바삐 달려가며 "호외요, 호외!"라고 외치는 장면입니다. 표준국어대사전에 따르면 호외란 '특별한 일이 있을 때에 임시로 발행하는 신문이나 잡지'인데, 현대의 뉴스 속보와 비슷한 역할을 합니다. 그런데 이런 호외는 어떻게 발행되었을까요?

　TV나 라디오 같은 실시간 정보 전달 대중매체가 없던 시절에 가장 보편적인 매체는 신문이었습니다. 신문은 보통 신문사나 관보, 잡지, 대학 등에서 하루 한 번 혹은 두 번 발행되었는데, 정규 발행을 기다릴 수 없을 정도로 중요한 사건이나 속보가 발생하는 경우도 많았습니다. 이럴 때 신문들은 정규 호수 외의 임시 인쇄물을 신속하게 발행했고, 이것이 바로 **호외**號外입니다. 즉 호외는 실시간 매

호외요, 호외!

체가 없던 시기에 사건과 정보 전달의 시차를 좁히기 위한 대응책이었습니다. 또한 신문사가 다른 신문사와, 혹은 다른 매체와 서로경쟁하며 우위를 점하기 위한 전략적 수단으로도 활용되었습니다.

한편, 1920년대부터 재발행되기 시작한 조선어 신문들은 조선총독부 도서과의 검열을 거쳐야 했습니다. 이 과정에서 문제가 되는기사가 삭제되거나 배포 금지되는 일도 잦았는데, 배포가 금지되어도 신문사에서 이미 사용한 호수를 다시 사용할 수 없었기에 '호외'의 형태로 발간하는 경우도 생겼습니다.

그렇다면 언론의 역사에서 호외라는 형식은 언제부터 사용되었을까요? 오늘날 확인할 수 있는 가장 오래된 호외는 미국 신문인《보스턴뉴스레터The Boston News-Letter》가 해적 여섯 명이 처형되었다는소식을 보도한 것입니다. 이 호외가 발행된 것이 1704년 6월 30일일 정도로 호외는 언론사의 매우 오래된 전통입니다.

한국의 경우 1883년 10월 31일에 한국 최초의 관보인《한성순보》가 발간된 이후, 순한글 신문이자 최초의 민간 신문인《독립신문》이 등장하면서 본격적으로 신문 발간이 시작되었는데, 이로부터 얼마 지나지 않아 첫 호외가 발간되었습니다. 언론인 정운현에 따르면 1894년 7월 23일로, 당시 제물포에서 발행되던 일본어 신문 《조선신보》가 청일전쟁 발발이 임박했다는 긴박한 소식을 전한 것이었습니다. 이후 1897년 8월 22일에 미국인 선교사 언더우드가 창간한《그리스도 신문》에서 고종 황제의 탄신일을 기념하며 최초의 한글 호외를 발간했습니다.

그리고 1925년 3월 18일에도 대한민국 임시정부의 대통령이었던 이승만이 탄핵당했다는 소식이 임시정부의 기관지였던《독립신문》에서 호외로 발표되었는데 '대통령 탄핵안 통과'라는 제목을 단 이 호외는, 이승만 대통령이 주장한 국제연맹 위임통치안에 반발하여 대한민국 임시의정원이 대통령 탄핵안을 통과시켰다는 소식과, 새로운 대통령으로 박은식이 선출되었다는 내용을 담고 있습니다.

이 외에도 1950년 6월 25일 한국전쟁 당시에도 호외가 여섯 차례 발행되었다는 기록이 있습니다.

이렇듯 "호외요 호외!"라는 외침은 1960년대 중반까지도 서울 도심에서도 심심치 않게 들을 수 있는 소리였습니다. 신문이 다른 매체들과 경쟁하며 소식 전달의 신속성과 동시성을 확보하기 위한 외침은 라디오와 텔레비전이 대중화되고 인터넷이라는 새로운 매체가 등장하면서, 점차 그 중요성을 잃게 되었습니다.

그러나 2010년대에도 여전히 신문사들은 중요한 역사적 사건이 있을 때 호외를 발행하고 있습니다. 2010년 11월 23일의 북한의 연평도 해안 포격 사건, 2011년 12월 19일의 김정일 사망, 2016년 12월 9일의 박근혜 대통령 탄핵소추안 가결 등이 모두 호외로 보도되었습니다. 아무래도 예전만큼의 위상은 아니어도 호외는 그 자체로 역사성과 상징성을 지닌다고 할 수 있습니다.

손기정 마라톤 우승 소식을
전하는 1934년 1월 1일 자
《동아일보》 호외.
©국립한글박물관 소장

여운형 피살 소식을 전하는
1947년 구월 19일 자 《서울신문》 호외.
©국립한글박물관 소장

대한항공 858편
폭발 사건을 전하는
1987년 11월 29일 자
《중앙일보》 호외
©국립한글박물관 소장

추억 속 흑백 사진

12

언제부터 사진 촬영이
대중화되었을까?

오늘날 우리는 스마트폰으로 손쉽게 사진을 찍고, 신경 써서 찍은 사진을 소셜미디어에 업로드하며 일상을 기록합니다. 그런데 사진이 처음 한국에 들어왔을 때만 해도 사진은 영혼을 빼앗거나 목숨을 잃게 한다는 두려움의 대상이었습니다. 그랬던 사진이 어떻게 우리의 삶에 자리 잡게 되었고, 언제부터 '김치' 하며 사진을 찍게 되었을까요?

서구에서 전파된 근대 문명은 조선인들에게 무력과 경제력을 지닌 낯선 모습으로 다가왔습니다. 조선 앞바다에 별안간 등장한 거대한 검은 배의 모습으로 상징되는 서양 기술은 일반 대중에게 경외와 두려움을 동시에 불러일으키는 대상이었고, 본능적인 경계심으로 인해 쉽사리 받아들여지지 않았습니다. 사진 또한 예외가 아니었는데, 근대 초기 사진은 주로 개화 지식인과 관료들 사이에서 제한적으로 수용되었으며 1884년에는 고종이 처음으로 사진을 촬영했습니다.

반면 일반 대중에게 사진은 대포처럼 위협적인 무기나 마술사의 해괴한 도구처럼 보였습니다. 특히 개항기에는 "어린아이를 유괴해 사진 약을 만든다"라거나 "아이의 눈알을 카메라 렌즈로 쓴다"라는 등의 유언비어가 퍼지기도 했습니다. 이렇게 사진을 둘러싼 뜬소문이 사회문제가 될 정도로 확산되자 고종이 명령을 내려 이 소문을 규명하도록 했고, 소문이 사실이 아님을 알리는 방을 내붙여 여론을 진정시킬 정도였습니다. 그럼에도 "사진을 찍으면 피가 마른다" "사진을 한 번 찍으면 몸이 마르고, 두 번 찍으면 명이 짧아진다"라는 등의 속설은 끊임없이 이어져 사진에 대한 공포를 증폭시켰습니다.

그러나 서양 문물이 점차 보편화되고 조선 사회의 상류층이 이를 적극적으로 수용하면서 사진에 대한 거부감은 서서히 사라졌습니

저 그렇게 안 대단해요…

사진을 잘못 찍으면 온몸의 피가 마른대요.

수명도 줄어든다던데!

다. 자신을 있는 그대로 재현하는 사진은 점차 신기한 기술로 인정받기 시작했는데, 대표적으로 1895년 을미개혁 당시 단발령斷髮令이 내려졌을 때 몇몇 사람이 머리를 자르기 전 자신의 모습을 남기기 위해 사진을 찍었다고 전해집니다.

또한 초기의 사진은 경제적인 부담으로 대중화되기 어려웠어서 이러한 희소성이 오히려 사진에 대한 선망과 기대를 불러일으키기도 했습니다. 가령 1910년경에는 김윤식이 기로소耆老所에 입실한 고관 14명과 함께 초상 사진을 찍기 위해 단체로 사진관을 찾았으며, 이 장면을 기록으로 남겼습니다. 참고로 기로소는 연로한 고위 관료의 친목과 예우를 위해 설치된 단체로, 정2품 이상의 관직을 지낸 전·현직 문관 중 나이가 70세 이상인 인물들이 참여했습니다. 한편 유교적 가치관을 지키며 시골에서 살던 양반인 구례 류씨 집안의 류제양도 시대의 흐름에 따라 사진을 남겼습니다. 참고로 당시 사진값은 목수 하루 일당의 5배, 벼 한 가마니 값에 해당할 정도로

비쌌기 때문에 어느 정도 경제적 여유가 있어야만 가능했습니다.

그렇다면 사진이 완전히 대중화된 계기는 무엇일까요? 연구자들은 1920년대에서 1930년대 사진관의 대중화와 상업화, 그리고 '개인'이라는 개념의 등장을 주요 요인으로 꼽습니다. 이 시기 발행된 신문에는 신년 사진(1월), 졸업사진이나 봄 사진(2~3월), 어린이날 사진(5월) 등의 사진 할인 광고가 실렸습니다. 덕분에 사람들 사이에서 사진을 찍는 목적에 대한 사회적 공감대가 형성되었고, 특별한 순간을 기념하는 새로운 방식으로 자리 잡았음을 보여 줍니다. 이때도 현대처럼 사람들 사이에 '사진 잘 찍는 법'이 공유되기도 하였습니다.

> 입춘이 지난 지 여러 날이 지나 날씨도 차차 화창해지고, 요즘은 가정에서도 한가한 시기입니다. 이때가 되면 가족이나 개인이 사진을 많이 찍는다고 합니다. 그런데 사진이 잘 나오는 것은 물론 사진사의 기술에 달려 있지만, 사진이 찍히는 사람의 표정과 화장 솜씨도 매우 중요합니다. 화장을 잘못하면 얼굴이 부어 보이거나 한쪽만 도드라져 보이기도 합니다.
>
> 「어떻게 하면 사진이 잘될까」,
> 《조선일보》1926년 2월 20일 자 기사(현대어 편역)

여기에 근대 신식 학교에 대한 선망, 교육열과 취학률의 증가, 여행과 휴가 문화의 발달, 아동기의 발견 등이 사진 문화가 자리 잡는 중요한 기반이 되었습니다. 이 시기 확산하던 자유연애 문화와 변화하던 가족문화, 자본주의적 소비생활의 형성 역시 사진 문화의 발전에 영향을 미쳤습니다.

　그렇다면 '브이' '치즈' '김치' 등을 외치며 사진을 찍게 된 것은 언제부터였을까요? 이것은 비교적 최근의 일로, 1980년대 신문에서 졸업사진을 찍으며 '김치'나 '치즈'를 외쳤다는 기록을 찾아볼 수 있습니다. 개인이 사진기를 살 수 있게 되고 사진 현상이 쉬워지면서 더욱 확산된 것으로 보입니다. 이후 인터넷과 디지털카메라가 발달하면서 2000년대에는 자기 모습을 찍어 인터넷에 공유하는 '셀프 카메라' 문화와 '얼짱' 선발 문화가 이어졌고, 더 나아가 스마트폰의 대중화와 소셜미디어 플랫폼의 유행으로 사진 찍기는 더욱 일상화되었습니다. 특히 인스타그램, 틱톡 등과 같은 소셜미디어에서는 사진을 넘어 동영상을 활용한 다양한 콘텐츠가 생성되었고, 하나의 문화가 되어 개인의 일상과 개성을 표현하는 중요한 방식으로 이어졌습니다.

13

근대 여성들은
왜 단발을 선택했을까?

1895년 을미개혁의 일환으로 실시된 **단발령**斷髮令은 성인 남성들에게 상투를 자르고 서양식 머리를 하도록 명령한 칙령입니다. 단발령을 기점으로 근대 시기 남성들에게 단발과 서양식 복장이 강제되면서 단발은 일종의 신식 문화로 자리 잡았습니다. 그러니까 비록 강요된 것이었지만 단발이 문명개화의 상징이자 근대 문화를 받아들인 근대인의 상징으로 여겨진 것입니다.

반면 이 시기 여성들 사이에서는 조금 다른 모습이 나타났습니다. 많은 여성이 전통 복식을 고수하며 단발하지 않고 쪽을 지은 머리를 유지했지만, 법적 강제가 없었음에도 자발적으로 머리를 자르기도 했는데, 여성들은 왜 스스로 단발을 선택했을까요?

단발은 1900년대를 전후로 양복과 함께 관리의 관복으로서 정착

왜 다르지?

되기 시작했습니다. 하지만 이러한 변화는 주로 남성 지식인층에 국한되는 경향이 있어 지배층이나 지식인층은 양복을 입고 단발을 했던 반면, 일반 서민은 여전히 한복과 상투를 유지하는 경향이 강했습니다. 이로 인해 도시 지역과 농촌 지역, 부유층과 빈곤층, 젊은 층과 노년층 간의 차이가 드러났으며, 남성과 여성 간에도 뚜렷한 경계가 형성되었습니다.

이 시기 근대 여성들은 남성에 비해 서양 문화를 접하거나 사회 활동에 참여할 기회를 제한받았습니다. 여성이 서양식 복장을 하는 것 또한 사치와 허영이라고 비판받았는데, 특히 여성이 머리를 자르는 행위는 조선의 전통과 여성의 아름다움을 해치며 여성의 역할을 거부하는 일로 여겨졌습니다.

그러다 근대적 도시와 산업이 발달하고 교육 수준이 높아지면서 제한적이지만 여성들에게도 사회 활동의 기회가 주어지기 시작했습니다. 교사, 기자, 여공 등 새로운 직종에 진출한 '신여성'들은 직업인으로서 사회적 경험을 쌓아 갔고, 이 과정에서 여성의 단발은 자신의 외모에 대한 하나의 선택이자, 전통적인 여성상을 거부하고 자신의 지향을 드러내는 상징이 되기도 했습니다.

한편 최초로 단발을 했다고 알려진 여성인 기생 강향란이 등장한 이후, 단발이 교육과 운동의 한 방식으로 활용되기도 했습니다. 예를 들어 여성 교육과 사회 활동 확장을 위해 헌신했던 차미리사 등의 여성들은 생활 개선과 위생적인 측면에서 단발의 실용성과 필요성을 강조했습니다.

이 외에도 1920년대부터 본격적으로 활성화되었던 사회주의 운동의 흐름 속에서 여성 사회주의자들이 여성해방운동의 일환으로 단발을 선택하기도 했는데, 1925년 8월, 사회주의 단체인 조선여성

에잇!

동우회朝鮮女性同友會의 간부였던 주세죽, 허정숙, 김조이는 여성 해방의 상징이자 낡은 제도의 구속을 깨뜨리는 의미에서 머리를 잘랐습니다. 그리고 같은 달 주세죽은 잡지《신여성》제3권 8호에 「나는 단발을 주장합니다」를 발표하는 등, 단발을 여성운동의 실천적 방식으로 활용했습니다.

교육이나 운동이 아닌 취향으로서 단발이 본격적으로 나타나기 시작한 것은 1920년대 후반 이후입니다. 영화, 신문, 잡지 등 대중 매체에서 머리를 자른 여성들의 모습이 많이 등장했고, 이는 1930년대에 일반 여성 사이에서 단발이 일상화되는 데 영향을 미쳤습니다.

하지만 이 시기에도 여성의 단발을 풍속을 해치는 행위로 여기는

1930년대 이후 여성들의 다양한 머리 모양을 보여 주는 잡지들
ⓒ국립한글박물관 소장

개벽사에서 발행한《신여성》 제6권 제2호 (1932년)

조선일보사에서 발행한《여성》 제4권 제10호(1939년)

조선춘추사에서 발행한《춘추》 11월 호(1941년)

분위기가 남아 있어 단발에 신중해야 한다는 의견과 시기상조라는 비판이 공존했고, 머리를 자른 여성들이 사회적 시선이 두려워 가발을 쓰다가 들통이 나기도 했습니다. 기록에 따르면 단발한 여성이 길거리에 나서면 아이들이 따라다니며 "단발랑"이라며 놀렸으며, 노년층이 수군거리며 손가락질하기도 했다고 합니다.

오늘날 우리는 성별에 상관없이 자유롭게 자신의 머리 모양을 선택할 수 있지만, 당시에는 단발이 여성에게 금기시되었다는 점이 놀랍습니다.

14

고무신은 어떻게
만들어졌을까?

　현대 한국의 생활문화는 근대와 일제강점기에 형성되고 발전한 다양한 문화가 해방 이후 변화하며 오늘날까지 이어져 온 결과입니다. 주목해야 할 점은 이 과정에서 우리 조상들이 단순히 외국 문화를 일방적으로 받아들이기만 했던 것이 아니라, 한국의 현지 실정에 맞게 현지화하고 발전시켜 왔다는 것입니다. 그리고 그 대표적인 사례가 바로 고무신입니다.

　1839년 미국에서 고무에 황을 섞어 가열하는 가황加黃 기술의 개발로 단단하고 탄력적인 고무를 만들 수 있게 되면서 고무가 본격적으로 신발 재료로 사용되기 시작했습니다. 일본에서는 1868년 메이지유신 이후 고무장화와 고무 덧신이 수입되었고, 1918년에는 고베 지역의 공장에서 가황 기법을 도입한 고무 신발을 대량 생산하기 시작했습니다.

고무신이 일본에서 새로운 기술로 받아들여지던 그 시기에 일본의 식민지 조선에도 1910년대를 전후로 고무신이 도입되었습니다. 그런데 이 시기 고무신은 현재 우리가 알고 있는 고무신과 모양이 많이 달랐습니다. 초기 고무신은 고무장화나 구두에 가까운 형태이거나, 일본식 짚신인 조리草履, ぞうり의 바닥에 고무를 덧대는 방식이었습니다. 이 고무신은 당시 사람들에게 생소한 모양이어서 조선에서 크게 인기를 끌지 못했다고 합니다.

이후 일본인이 운영하던 신발 가게의 점원이었던 이병두는 일본에서 고무를 섞는 기술과 제작 방법을 배워 왔습니다. 그는 이 기술을 바탕으로 조선 사람들의 취향에 맞게 고무신의 디자인을 개선했는데, 신발의 폭을 넓히고 굽을 낮추었으며, 발등이 보이는 형태로 다듬었습니다. 특히 남자 고무신에는 전통적인 짚신을 본뜬 디자인

을 적용했고, 여자 고무신은 일본식 신발인 코신을 모티브로 삼았습니다.

이렇게 만들어진 새로운 고무신에 조선 사람들은 뜨거운 반응을 보였습니다. 친숙한 디자인이 고무라는 낯선 소재로 만든 신발을 더 쉽게 받아들일 수 있게 해 주었고, 저렴한 가격은 물론 뛰어난 내구성을 가진 새 고무신에 소비자들은 크게 만족했습니다. 또한 이 시기에 반도고무공업사, 조선고무공업소, 서울고무공업소 등 다양한 고무신 제조 공장이 설립되며 고무신 생산량이 대폭 증가했습니다. 고무신은 이렇게 조선에서 나름의 현지화 과정을 거치면서 본격적으로 대중화되었습니다.

일제강점기에 발행된 고무 제품 광고
©천안박물관(좌), 국립민속박물관(우) 소장

해방 이후에도 우리나라의 고무신 제조업은 꾸준히 발전했습니다. 일제강점기에 쌓아온 신발 제조 기술과 국내 시장에서의 강점을 바탕으로 관련 기업들은 지속적인 성장을 이루어 냈습니다. 당시 고무신 제조로 출발했던 대표적인 기업인 동양고무, 국제화학, 삼화 등은 1960년대에 운동화 생산으로 사업 영역을 확장했고, 1980년대에는 독자 상표를 만들어 세계시장에 진출하기도 했습니다.

그런데 일부 사람들은 고무신처럼 서양과 일본을 거쳐 한국에서 형성된 생활문화를 외국풍이나 식민지의 잔재로 여기며 부정적인 시선을 보내기도 합니다. 최근 왜색 논란이 일었던 트로트도 중요한 예 중 하나입니다. 이에 대해 『번안사회』의 저자 백욱인은, 인류의 역사는 번역과 번안의 역사이며, 동서양을 막론하고 모든 나라는 앞 시대의 산물을 번안하거나 타국의 문화를 번역하면서 발전해 왔다고 설명합니다. 실제로 근대 시기 한국에 영향을 미친 일본 문화는 서구 문화를 중역한 것이었으며, 근대 서구 문화 역시 중세 동양, 특히 중국 문화를 혼합하고 모방한 결과물이었습니다. 이처럼 인류는 다른 나라의 문화를 자기 나라 실정에 맞게 번안하면서 발전해 왔습니다. 즉 어떤 문화가 원래 누구의 것이고 누가 따라 한 것인지 구분하는 일은 크게 중요하지 않습니다.

고무신의 역사에서 알 수 있듯, 식민 경험이라는 역사적 사실은 사소한 생활문화 하나에도 깊숙이 자리 잡고 있습니다. 우리 문화가 여러 문화와 섞여 있다는 점을 비판적으로 이해하고, 이를 바탕으로 다른 문화와 함께 살아갈 수 있는 방법을 고민하는 일이 필요한 이유입니다.

15

족보는 왜 일제강점기에
활발하게 발행되었을까?

옛 양반들이 가문의 계통과 혈통 관계를 정리한 **족보**族譜와, 가문의 주요 인물의 글이나 문장을 모아 편집한 **문집**文集은 모두 조선시대에 많이 편찬되었을 것으로 생각하기 쉽습니다. 그러나 실제로 족보와 문집이 가장 활발하게 편찬되고 출간된 것은 일제강점기인 1920년대와 1930년대입니다. 왜 족보와 문집은 근대, 특히 일제강점기에 가장 많이 발행되었을까요?

1920년대 이후 근대 교육이 재정비되고 유학생이 늘어나면서 조선 내에 글을 읽고 쓸 수 있는 문해력을 갖춘 사람들 역시 크게 증가했습니다. 또한 이 시기 일제는 3.1운동에서 드러난 조선 사람들의 반발을 누그러뜨리기 위해 문화통치를 시행했는데, 이 영향으로 잡지와 신문 등 다양한 출판물들이 일제의 허가를 받아 발간되기 시

종류	1920	1921	1922	1923	1924	1925	1926	1927	1928	1929	계	순위
족보	63	70	87	120	135	174	180	162	189	178	1358	1
신소설	47	89	72	95	100	110	119	99	122	106	959	2
유고	30	55	72	58	80	85	79	78	90	81	708	3
아동물	10	15	27	40	79	63	72	79	88	91	574	4
문집	35	36	50	60	68	70	68	58	51	50	546	5
구소설	37	57	55	49	56	52	65	58	54	46	529	6
교육	21	35	37	41	50	71	59	30	81	79	504	7
사상	7	5	6	17	49	68	72	79	83	82	468	8
잡류	5	20	27	34	37	48	53	53	66	97	440	9
문예	7	23	30	35	29	37	58	60	63	85	427	10

1920년대 출판물별 발간 횟수와 순위

朝鮮總督府警務局, 『朝鮮に於ける出版物槪要』, 1930

(천정환, 「1920~30년대의 책읽기와 문화의 변화」, 윤해동 외, 『근대를 다시 읽는다 2』, 역사비평사, 2006. 615쪽 표1 참고)

작했습니다. 그리고 이 시기 다른 출판물들에 비해 활발히 발행된
것이 바로 족보와 문집입니다. 특히 족보는 신소설보다도 더 많이
발행된 것을 볼 수 있습니다.

물론 족보와 문집이 대중 판매 목적이 아닌 개인이나 문중의 소
장용으로 발간되었던 특수한 인쇄물임을 고려해야 하지만, 그 특수
성을 고려하고도 이 시기에 두 출판물의 발행이 폭발적으로 증가한
것은 이례적인 현상이었습니다. 1900년대부터 시작된 이 현상은 나
라가 식민지화의 위기에 처하고 여러 차례 전쟁이 일어나는 가운데
점점 확대되었으며, 1920년대 후반에 절정을 이루었습니다.

당시 지식인들도 족보의 유행을 특별하게 여겼던 것 같습니다. 일본 유학에서 돌아와 사회주의자로 활동한 배성룡은 사람들에게 족보를 발간한 이유를 물어보고 이를 기록으로 남기기도 했습니다.

그들은 족보를 열심히 출간하는 이유에 대해 이렇게 설명했다. "아무리 보아도 지금 세상이 점점 더 혼란스러워질 것은 분명해 보이니, 우리 선조들의 계통을 정리하여 후손에게 알려주는 것이 오늘날 우리의 의무라고 생각합니다."

- 배성룡, 「인격 발전의 도정에 대한 사견」, 《개벽》 25호, 1922년 6월(현대어 편역)

그런데 근대 교육을 받은 당대 지식인들은 족보 편찬에 몰두하던 옛 양반들과 그 자손들을 기본적으로 비판적으로 바라보았습니다. 왜냐하면, 족보 편찬을 시대 변화를 읽지 못하는 전통만을 좇는 행위라고 여겼기 때문입니다. 하지만 동시에 이러한 행위를 혼란한 사회 속에서 가문의 계보를 정리하고 전통을 지키려는 일종의 자기 방어 기제로 해석하기도 했습니다.

문집 역시 족보와 마찬가지로 시장에서 널리 유통되지는 않았지만, 조선시대에 양반 출신들이 목판이나 목활자로 문집을 출간하던 전통에서 이어진 현상으로 볼 수 있습니다. 특히 유교 경전류가

1930년대까지도 주요 도서 목록 중 하나로 남아 있었다는 것은 흥미로운 사실입니다. 이러한 전통과 문화를 중시하는 경향은 1930년대 조선의 문화와 지식의 계보를 정리하려 했던 조선학 운동의 맥락과도 연결되는데, 주목할 만한 것이 1934년 9월경 설립된 신조선사라는 발행소 겸 인쇄소입니다. 정인보, 안재홍, 홍명희 등이 참여한 신조선사는 조선시대의 지식과 문화를 체계적으로 정리하고 보존하는 것을 목표로 삼았습니다. 그래서 이들은 학자들의 후손들이 보관하고 있던 문집을 발굴하거나, 연구자와 출판사가 정리한 자료를 활용해 책으로 엮어냈습니다. 대표적인 성과로 정약용의 저서를 정리한 『여유당전서與猶堂全書』와 홍대용의 저서를 정리한 『담헌서湛軒書』 등이 있습니다.

한편 족보와 문집의 유행 속에서, 1920년대에 가장 많이 읽힌 책 중 하나는 조선왕조가 멸망한 뒤 정씨 성을 가진 사람이 나타나 새

고전을 잘 정리해서
표준이 될 만한
판본을 만들어야지!

로운 왕조를 세운다는 내용의 예언서인 『정감록鄭鑑錄』이었습니다. 흥미로운 점은 조선시대 이래 여러 종교에서 『정감록』을 중요한 신앙적 토대로 활용했다는 점으로, 이러한 경향은 1920년대에도 이어졌습니다. 당시 한반도에서는 불과 몇 달 만에 10개 정도의 새로운 종교가 생겨났는데, 새로운 종교는 대부분 동학의 창시자 최제우를 교주로 모셨고, 동학과 『정감록』의 내용을 자신들의 방식대로 해석하며 다양한 종파를 만들어 냈습니다.

이처럼 일제강점기의 혼란한 상황 속에서 사람들은 조선의 전통 문화와 문헌들에 의지하거나 이를 활용하는 모습을 보였고, 족보와 문집, 『정감록』 등의 활발한 출판은 그러한 시대적 양상을 잘 보여 주는 사례라고 할 수 있습니다.

후대에 남길 수 있어
다행이구나.

16

일본인은 조선인이 우물에
독을 풀었다는 루머를 왜 믿었을까?

2020년대 코로나 팬데믹 기간이나 2023년 튀르키예 지진 이후의 난민 혐오 사례에서 볼 수 있듯, 대규모 재난 이후에는 종종 외국인을 향한 혐오가 나타납니다. 약 100년 전 일본에서 발생한 관동대지진에서도 마찬가지였는데, 지진 이후 일본인들 사이에서 "조선인이 우물에 독을 풀었다"와 같은 유언비어가 빠르게 퍼졌고, 이는 조선인 학살이라는 끔찍한 2차 재난으로 이어졌습니다. 근대교육을 받아 이성적 사고를 할 수 있었음에도 왜 이런 뜬소문을 믿었던 걸까요?

때는 1923년 9월 1일 오전 11시 58분, 도쿄 앞바다에서 진도 7.9 규모에 달하는 관동대지진이 발생했습니다. 지진의 충격과 지진 이후 발생한 화재, 붕괴 등으로 사망자만 9만 1000여 명, 부상자

가 10만 4000여 명, 행방불명자가 1만 3000여 명에 이르는 대재난
이었습니다. 혼란 속에서 가족과 지인을 잃은 사람들은 깊은 심리
적 충격과 트라우마를 겪으며 일본 국민은 공황 상태에 빠졌고, 수
도 도쿄는 행정, 교통, 통치 기구가 완전히 마비되었습니다.

이러한 혼란 속에서 '조선인 폭동설'이 퍼지며 계엄령이 내려졌
습니다. 폭동설의 출처에 대해서는 여러 의견이 있지만, 당시 내무
대신이었던 미즈노 렌타로水野錬太郎가 관동대지진 다음 날 조선인이
폭동을 일으켰다는 소문을 퍼뜨리도록 지시한 것으로 알려져 있습
니다. 그는 각 경찰서에 진상을 보고하도록 지시하는 한편, 치안을
유지할 군대 출동과 계엄령 발포를 준비했습니다. 이 과정에서 조
선인 폭동과 관련된 유언비어가 빠르게 퍼져 나갔고, 조선인 학살
이 일본 정부의 묵인과 방조 아래 자행되었습니다.

특히 관동대지진 이후 일본인들은 자신의 마을과 가족을 보호하

욕받이가
필요해.

기 위해 자경단自警團을 조직했는데, 관동 지역에서만 3689개 자경단이 조선인 학살을 주도했다고 전해집니다. 당시 일본의 군대, 경찰, 자경단, 그리고 개인에 의해 학살당한 조선인은 6661명에 달했으며, 조선인뿐 아니라 중국인 등의 외국인, 사회주의자 등 반체제 인사들도 체포되거나 살해되었습니다.

그런데 이 학살의 배경에는 관동대지진의 심리적 충격뿐 아니라, 한일병합과 3.1운동 이후 조선인 혐오를 키워 왔던 일본 정부와 언론이 있습니다. 일본 정부와 언론은 식민지 통치에 불만을 품은 조선인을 '불만' '불령' '불온'한 존재로 규정하며 경계심을 부추겼습니다. 국가적 재난 상황에서 국민들의 불안감이 고조되자, 자신들의 안전을 확보하기 위해 조선인을 혐오의 대상으로 만든 것입니다. 이 과정에서 유언비어는 일본인 개개인의 공감을 얻으며 집단적인 혐오로 확산되었고, 이러한 감정은 정당화되며 결국 학살로 이어졌습니다.

1923년 학살에서 목숨을 건진 조선인들은 이후 재일 유학생 단체나 천도교청년회 사무실, 기독교 조직 등에 모여 대책을 논의했습니다. 도쿄 지역에서는 재해를 당한 조선인들을 돕기 위해 조선인 구제회가 결성되어 진상 조사 사업에 착수했습니다.

　이후 일본인들 사이에서도 조선인 학살 문제를 문제 삼는 목소리가 나오기 시작했습니다. 관동대지진 발생 후 몇 달이 지나지 않은 1923년 12월 14일, 일본 중의원 본회의에서 다부치 도요키치田淵豊吉 등은 일본 정부의 책임을 인정하고 사죄해야 한다는 의견을 제기했습니다. 또한 후세 다쓰지布施辰治는 재도쿄지방이재조선인후원회의 고문으로 활동하며, 조선인 학살 사건의 조사와 고발에 앞장섰으며, 재일 조선인과 식민지 조선인들과 함께 피해자 구제, 모금 사업,

1923년 관동대지진 이후 폐허가 된 일본 거리

추도회 등을 열어 관동대지진의 조선인 학살 문제와 피해자 복권을 위해 힘썼습니다.

이와 비슷하게 코로나 시기 세계 각국은 동양인 혐오로 심각한 사회적 갈등을 겪었습니다. 끝없이 늘어나는 사망자, 인프라의 마비, 장기적인 도시 봉쇄와 마스크 착용 등으로 인한 불안과 분노가 소수자들에게 전가된 결과였습니다. 마찬가지로 튀르키예 대지진 이후에도 시리아 난민들을 향한 차별과 혐오가 노골적으로 나타났습니다.

되풀이되는 역사를 바라보며, 재난으로 인한 트라우마가 어떻게 소수자와 외국인에 대한 차별과 혐오로 이어지는지를 생각해 보게 됩니다. 100여 년 전 관동대지진 속에서 식민지 조선인들이 겪어야 했던 설움을 떠올린다면, 오늘날의 상황을 보는 시각도 달라지지 않을까요?

3부

읽다 보면 빠져드는
근현대 사회 이야기

17

근대 조선 정부는 전염병에
어떻게 대처했을까?

콜레라는 원래 인도 벵골 지방의 풍토병이었습니다. 그러나 1817년 영국이 인도를 식민 지배하는 과정에서 콜카타로 퍼져 나갔고, 당시 불과 일주일 만에 영국군 5000여 명이 목숨을 잃었다고 전해집니다. 이후에도 영국의 선박과 군대는 제국 건설을 위해 전 세계로 나가면서 콜레라 확산에 큰 역할을 했는데, 이로 인해 1820년대에는 아시아는 물론 유럽과 아메리카 대륙까지 콜레라가 크게 유행하게 됩니다.

조선에서 콜레라는 순조 21년(1821)에 처음 발생해 전국으로 퍼져 나갔습니다. 당시에는 이 새로운 병을 부를 마땅한 이름이 없어 괴상한 병이라는 뜻의 '괴질怪疾'이라 부르거나, 호랑이에게 물려 살이 찢기는 듯한 고통을 동반한다고 해서 '호열자虎列刺'라 불렀다고

으악,
괴질이다!

호열자다!

콜레라

합니다. 1821년부터 1822년까지 이어진 콜레라의 첫 유행으로 조선인 수십만 명이 목숨을 잃었으며, 1858년 대유행 때는 사망자가 무려 50여만 명에 이르는 등 피해가 막심했습니다. 대규모 전염병 유행은 조선 사회에 큰 충격을 주었고, 전염병에 대한 공포를 더욱 확산시켰습니다.

그러다 개항 이후 1879년 6월경, 일본에서 유행하던 콜레라가 부산을 통해 다시 한반도에 들어오게 됩니다. 이때 일본 영사관 관리들은 방역을 위해 부산에 소독소와 격리 병원을 설치했습니다. 소독소와 격리 병원은 비록 얼마 지나지 않아 문을 닫았지만, 이때를 전후로 조선 사회에 근대적 위생 개념과 방역의 중요성에 대한 인식이 퍼지면서 본격적인 근대 방역이 시작되었습니다.

이후 1885년, 조선 정부는 행정력과 경찰력을 동원해 부산, 원산, 인천에 검역소를 설치하고 조선 최초로 해상 검역을 실시했습니다.

그리고 이듬해인 1886년부터는 육지에서도 검역과 소독 활동을 시작하며 점차 방역 체계가 정립되어 갔습니다.

이후 1895년에 만주에 주둔하던 일본 군대에서 발생한 콜레라가 의주와 평양, 원산까지 퍼지자, 조선 정부는 본격적인 검역과 격리, 소독 활동을 시작했습니다. 같은 해 6월에는 새로운 예방 규칙과 검역 규칙 등을 공포하여 법적·제도적 근거를 마련했고, 7월에는 직접 격리 병원을 설립했습니다. 특히 서양 의사 올리버 에이비슨Oliver R. Avison을 조선의 콜레라 방역 책임자로 임명하여 본격적인 콜레라 방역을 진행했는데, 이는 조선의 방역 체계가 한층 더 근대화되는 계기가 되었습니다.

그러나 서양 의학을 받아들여 근대적 의학 체계를 세우려 했던 조선 정부의 노력에도 불구하고 위생 개념을 기반으로 하는 근대식

콜레라 방역 대책위원장을 맡았던 올리버 에이비슨.

방역 시스템을 구축하는 일은 쉽지 않았습니다. 이는 시대적 배경을 고려했을 때 어찌 보면 당연한 일이었습니다. 당시는 유럽에서조차 세균의 존재를 인정하지 않는 사람들이 여전히 많았고, 역학조사 체계와 공중보건 의식도 이제 막 자리 잡고 있었습니다. 이런 상황에서 조선 정부는 서양 의료와 검역 시스템을 도입하려 애썼지만, 기존 한의학을 믿는 사람들이 여전히 많았고, 대중 사이에서는 콜레라를 쫓기 위해 집 대문에 고양이나 호랑이 그림을 붙여야 한다는 민간요법이 유행하기도 했습니다.

그러다 1905년 일본이 통감부를 설치한 이후, 근대적 의료 체계는 점차 식민 지배의 수단으로 변질되기 시작했습니다. 일제는 지배를 정당화하기 위해 근대적 문명의 상징으로 위생과 방역을 내세웠고, 1907년과 1909년에 발생한 콜레라를 계기로 '위생 경찰' 제도가 도입되었습니다. 이후 조선에는 경찰과 헌병이 주도하는 군사식

방역 체계가 자리 잡아 전염병이 발생한 곳의 방역과 소독은 물론, 환자를 전염병 병원이나 격리 병동에 입원시키는 일까지 모두 경찰이 맡아 처리했습니다.

위생 관련 사무가 경찰로 집중되면서 식민지 조선의 의료 체계는 단속 행위 위주로 운영될 수밖에 없었습니다. 단속을 통해 만들어진 '불결한 조선인'과 '위생적인 일본인'이라는 구도는 일부에서 차별을 정당화하는 데에도 사용되었습니다. 예를 들어 조선인을 깨끗하고 건강하게 만든다는 명분 아래 일방적인 계도와 단속, 처벌이 무분별하게 시행되기도 했으며, 심지어 일상적인 생활 습관과 전통적인 관습까지도 통제의 대상이 되었습니다. 이렇듯 일제가 명분을 들어 강요한 근대화는 조선인들에게 큰 고통과 부담으로 다가올 수밖에 없었습니다.

더러운 조선인은 일본인 구역에 출입 금지!

씻을 여유가 없는데!

18

신분제 폐지 이후
천대받던 백정은 어떤 삶을 살았을까?

백정은 가축을 도살하고 육류를 판매하거나 유기를 제작하는 직업에 세습적으로 종사했고, 정해진 지역에만 거주하며 소외된 삶을 산 조선시대에 가장 천대받던 계층 중 하나였습니다. 그러다 1894년, 갑오개혁으로 신분제가 명목상 폐지되었는데, 신분 해방 이후 백정들의 삶은 실제로 얼마나 달라졌을까요?

결론부터 말하자면 백정을 향한 뿌리 깊은 차별과 천대는 쉽게 사라지지 않았습니다. 1896년 9월에 시행된 「호구조사규칙」과 「호구조사세칙」으로 백정들도 호적에 이름을 올릴 수 있게는 되었지만, 호적은 따로 관리되었고 호적의 직업란에는 '짐승을 도살하는 자'라는 뜻의 도한屠漢이라는 단어를 붉은 글씨로 기재해야 했습니다. 게다가 갑오개혁 이후 부유한 상인이나 일반인들이 육류 판매와 도축장 운영에 뛰어들면서 백정들은 그동안 독점해 왔던 산업에서도 밀려나 생계를 위협받았습니다. 또한, 오랫동안 존재해 왔던 사회적 편견 역시 쉽게 바뀌지 않았는데, 많은 사람들은 여전히 백정 출신을 천한 존재로 여기며 멸시했습니다.

이런 부당한 상황을 개선하고 천민 출신들의 사회적 지위 향상을 위해 **형평사**衡平社라는 단체도 만들어졌는데, 1923년 진주에서 처음 결성된 이후, 백정 출신들의 적극적인 호응 속에 형평사는 전국 각지로 확대되어 나갔습니다.

아, 세상 사람들아. 우리가 갈망하는 평화로운 새 사회와 이상적인 새 낙원은 인류의 평등이며, 계급의 철폐이며, 민족 간의 차별이 없는 삶이 아닌가? 이제 우리 백정의 무리도 만물의 영장이며 16억 인류의 일원임을 깨달았다! 정의와 인도를 드러내고 '형평'의 깃발을 들어, 하늘이 부여한 천부인권을 주장하며 이 나라의 평등한 존재가 되고자 하는 것이 우리 형평사 분사의 취지이다!

– 대정大正 12년(1923년) 10월 18일
형평사 경북안동분사 일동(현대어 편역)
형평사 안동분사 선전문 유일본(이천 이원색 씨 소장) 중

하지만 형평사는 결성 초기부터 모든 사람에게 환영받지는 못했습니다. 1920년대 내내 형평사 운동을 둘러싼 갈등이 조선 전역에

서 끊이지 않았고, 일부 사람들은 "백정이 양반이 되려고 한다"라며 형평사를 거부하거나, 회원들을 폭행하기도 했습니다.

그러다 형평사의 활동이 전국으로 확산되던 시기, 경상북도 예천에서 중대한 사건이 발생했습니다. 1925년 8월 9일, 예천 형평사는 창립 2주년을 맞아 회장 박원옥의 집에서 대대적인 기념식을 개최했는데, 당시 박원옥의 집은 예천 형평사의 회관으로도 사용되었습니다.

그런데 당시 예천에서는 한 백정 출신 여성이 "나는 전과 같은 백정이 아니라, 당당한 인격을 가진 사람이며 다른 이들과 대등한 권리를 행사할 수 있다"라고 말했다는 소문이 퍼져 있는 상태였습니다. 이 소문을 들은 일부 예천 사람들은 백정들이 무례하다며 형평사 회원들의 태도를 비난했고, 형평사를 박멸해야 한다고 주장했습니다.

일부는 분노를 넘어 예천 형평사 2주년 기념식을 공격하기로 모의하기까지 했고, 저녁이 되어 기념식에 참석했던 형평사 회원들이

1910년대 함경남도에서 촬영된 백정의 사진. ⓒ국립중앙박물관 소장

흩어진 틈을 타 이들은 기념식장이었던 박원옥의 집을 습격해 "백정들을 다 죽여라, 밟아 죽여라"라고 외치면서 기념식 물품을 부수며 박원옥을 폭행했습니다. 사태는 여기서 멈추지 않았으며, 다음날인 1925년 8월 10일 밤 11시경, 노나시 한 무리의 사람들이 형평사를 습격했습니다.

이튿날인 11일에는 경찰이 관계자들을 불러 사태를 수습하려 했지만, 형평사 간부들이 예천 형평사 회관에 도착할 무렵 더 많은 사람이 몰려들었습니다. 그리고 이들은 형평사 간부인 장지필과 이소를 결박한 뒤 몽둥이로 생명이 위태로울 정도로 심각하게 마구 때리며 "지금부터는 이전처럼 백정으로 살겠다고 다짐해라"라고 강요했습니다.

이후 폭행에 가담한 사람들이 체포되었는데, 이들의 정체는 주로 머슴이라 불리던 농업 노동자들과 날품팔이, 짐마차 마부 같은 노

동자들이었습니다. 특히 이들을 이끈 것은 예천노농회라는 노동자와 농민의 연합 단체였는데, 이들은 백정들이 농업이나 노동시장으로 진출하기 시작하면서 백정들의 직접적인 경쟁자가 된 사람들이었습니다. 게다가 당시에는 1924년부터 경상북도를 덮친 가뭄이 예천 지방을 뒤흔들면서 농사만으로 먹고 살기 어려워진 사람들은 읍내인 예천면으로 모여들었는데, 품팔이도 쉽게 구할 수 없을 정도로 생활이 어려웠습니다. 생계가 위협받는 상황에서 백정이라는 새로운 경쟁자의 등장은 기존의 하층 농민과 노동자들에게 커다란 위기감으로 다가왔고, 잘못된 폭력 사태로 이어진 것으로 보입니다.

이렇듯 백정에 대한 제도적 차별이 공식적으로 사라진 이후에도 사회에는 백성을 향한 차별이 여전히 남아 있었습니다. 그리고 때로 폭력이라는 극단적인 수단으로 표출될 만큼 그 편견이 뿌리 깊었음을 알 수 있습니다.

19

개항기에 외국인들과
의사소통은 어떻게 했을까?

1876년 강화도조약을 계기로 이루어진 개항開港은 글자 그대로 세계와의 창구 역할을 하는 항구를 여는 행위이자 국가 간 근대 외교관계를 맺는 행위였습니다. 이 과정에서 당연히 낯선 서양 국가들과의 의사소통이 필요했을 텐데, 이전까지 서양 문명을 받아들이지 않았던 조선은 어떻게 이들과 소통했을까요?

물론 근대 이전 조선에서도 외교와 수교를 위해 통역은 필수적이었고, 통역사를 양성하는 기관도 존재했습니다. 이 시기 조선의 주요 외교 상대는 서양이 아니라 중국의 명나라와 청나라, 일본, 몽골, 여진 등 주변 국가들이었는데, 당시 외교는 행정기관인 육조 중 예조禮曹가 주관했으며, 중국어, 일본어, 여진어, 몽골어 등을 아는 역관들이 소통과 실무를 담당했습니다. 그래서 조선 정부는 사역원司

譯院을 설립해 이 네 언어에 대한 역관들의 교육과 양성에도 관심을 기울였습니다.

그러나 개항 이후 서양과의 접촉이 활발해지면서 서양어 통역의 필요성이 급격히 대두되었습니다. 초기에는 영어 등 서양어를 알고 있던 중국인이나 일본인을 고용해 이중, 삼중의 통역을 거치는 방식이 사용되었지만, 다중 통역에는 한계가 있을 수밖에 없었습니다.

그리고 1880년대 초 조선이 서양 국가들과 본격적인 외교를 시작하면서 서양어 통번역은 더욱 중요해졌고, 이를 위한 교육기관 설립이 시급한 과제가 되었습니다. 이에 1883년 8월, 외교와 통상 사무를 담당하던 정부 기관 통리아문統理衙門의 부속 기관으로 **동문학**同文學이 설립됐고, 영국인 핼리팩스Thomas E. Halifax와 중국인 당소의唐紹儀, 오중현吳仲賢을 영어 교사로 초빙하면서 조선의 서양어 교육과 번역관 양성이 본격적으로 시작되었습니다.

번역관이라는 직책의 공식적인 설치 시기는 확인할 수 없지만, 동문학의 첫 졸업생이 배출되던 1885년 전후로 추정됩니다. 이를 방증하듯 고종 22년(1885)에는 개항장 해관海關에서 일하는 사람 중에 번역관이 포함되어 있었다는 기록이 남아 있습니다. 참고로 오늘날의 세관과 비슷한 임무를 수행하는 해관은 수출입 물품에 관세를 부과하고 징수하는 일을 했는데, 조선이 1883년 일본과 통상 장정을 체결한 이후 부산, 인천, 원산 세 곳에 설치되었습니다. 이때 행정을 담당할 감리가 해관에 파견되면서 번역관도 함께 배치되었습니다

당시 해관이 설립된 개항장은 외국 선박의 왕래가 잦고 외국인 거류지 관리와 외교관 주재 등의 업무로 영어가 공용어로 사용되었습니다. 그리고, 해관에서 작성되는 모든 서류 역시 영어로 번역해야 했기에 통역과 문서 번역을 전담하는 번역관의 역할은 실로 막대한 것이었습니다. 이 외에도 번역관은 해외에 주재하는 공관으

로 파견되거나, 조선에 초빙된 서양의 과학 기술자와 대외 교섭 전
문가들을 지원하는 등 근대 조선의 국제 소통에서 핵심적인 역할을
담당했으며, 서양과의 교류뿐 아니라, 조선이 전통적으로 교류해 온
청나라와 일본과의 관계에서도 중요한 역할을 했습니다. 그리고 조
선 후기에는 의주義州와 같은 청으로 통하는 주요 관문에서 활동하
거나, 사행단에 참여해 외교 업무를 지원했습니다.

　개항 이후에도 번역관들의 활약은 계속되었는데, 특히 1881년
11월에 청나라로 파견된 영선사領選使에 번역관들이 동행하여 청나
라에 신무기를 배우고 서양 과학 기술을 익히러 간 유학생들을 보
조하며 기술 교류를 지원했습니다.

　한편, 모든 외교 업무에서 번역의 역할이 절대적이었기 때문에 번
역관들은 일반적인 번역을 넘어 국가 간 현안 처리와 교섭, 근대적

제도와 문물 수용, 외교 사절단의 접대와 지원, 조선 관련 정보 수집 등 다양한 정치적 역할을 수행하기도 했습니다.

그 대표적인 사례로 1894년에 일어난 사건을 들 수 있습니다. 1894년 급진개화파가 주도한 갑신정변이 실패한 이후 정변의 주도 세력은 일본으로 망명했는데, 이일식과 권동수가 망명 중이던 주도 세력 중 한 명인 박영효를 암살하려다 실패했습니다. 두 사람은 주일 조선공사관으로 피신했지만, 일본 경찰이 살인 미수를 이유로 권동수를 강제 연행했습니다. 이에 당시 주일 서리공사였던 유기환兪箕煥은 조선으로 돌아가 항의 의사를 표명했고, 번역관 김낙준은 일본 신문《도쿄니치니치東京日日》와의 기자회견을 통해 서리공사의 입장을 대변했습니다. 이처럼 번역관들은 외국인 지원과 같은 일상적인 업무뿐 아니라 치외법권 문제를 둘러싼 정치적 현안 처리와 같은 실무에서도 중요한 역할을 담당하기도 했습니다.

20

일제강점기 조선에 살던 민간 일본인은
조선인과 어떻게 지냈을까?

근대 조선을 배경으로 한 영화나 드라마에 감초같이 등장하는 두 부류의 일본인이 있습니다. 바로 조선을 침략하는 '나쁜' 일본인과 조선인을 돕는 '착한' 일본인입니다. 이러한 극단적인 이분법은 극의 몰입도를 높이는 장치로 활용되지만, 역사를 지나치게 단순화하거나 왜곡할 위험이 있습니다. 그렇다면 실제 일제강점기 조선에 살았던 일본인들의 모습은 어땠을까요? 이른바 민간 일본인들은 누구였으며, 조선인들과 실제로 어떻게 지냈을까요?

사실 조선의 민간 일본인에 대한 연구는 최근에서야 활발히 진행되고 있습니다. 민간 일본인들은 한국이 일본의 식민지가 되기 전부터 개항장에 정착해 조선인들과 함께 살았는데, 개항 초기 민간 일본인들은 고리대금업, 선박운송업, 무역업, 미곡상, 정미업 등 다양한

구분	1911년	1922년	1933년	1939년	1942년
농림 목축업	20,623	38,573	39,031	33,257	29,216
어업과 제염업		10,775	10,208	9,540	9,093
광업	26,811	63,999	68,888	18,604	23,265
공업				111,808	141,063
상업	67,625	126,893	151,787	144,647	136,801
교통업			-	37,705	53,874
공무와 자유업	41,269	117,080	230,135	246,967	297,236
기타	44,775 (44,475)	20,642	21,746	24,932	32,651
무직 및 무신고	9,886	8,531	21,309	22,644	29,661
계	210,989	386,493	543,104	650,104	752,860

일제강점기 재조선 일본인 직업별 구성

(이규수, 『제국과 식민지 사이: 경계인으로서의 재조일본인』, 어문학사, 2018, 47쪽 표1-4 재인용.)

직종에 종사했습니다. 그리고 1910년 식민지화 이후에는 일본인 관리와 임시 직원이 증가했고 상대적으로 공업 관련 종사자들이 늘어나는 모습을 보입니다. 이후 일부가 일제의 선봉에 서서 식민 차별의 일상 속 가해자가 되기도 했지만, 당시 조선으로 건너온 일본인들은 대부분 일본에서 사회경제적 지위가 불안정했거나 안정적인 직업을 갖지 못했던 하층민이었습니다. 이들은 일본 국민이자 식민자로서 우월감을 가지는 한편, 조선에 일확천금을 꿈꾸며 찾아온 사회경제적 하층민이라는 점에서 이중적인 위치에 있었던 것입니다.

사실 국가적 차원에서도 당시 조선은 일본이 강제적으로 지배한 식민지 중에서도 가장 중요한 위치를 차지하고 있었습니다. 서구

열강에 비해 후진 자본주의국가였던 일본은 경제 발전 과정에서 농민층의 붕괴, 상대적 과잉 인구 현상, 협소한 시장 규모 등 여러 구조적 문제를 안고 있었고, 이러한 모순을 해소하기 위한 배출구로 식민지 조선을 활용하고자 했던 것입니다.

　민간 일본인과 조선인의 관계에 변화가 생긴 것은 1919년 3.1운동 이후였습니다. 3.1운동을 전후로 조선인의 정치참여가 제한적으로나마 인정되면서, 총독부는 조선인의 지방 정치참여를 일부 허용하기 위해 부(협의)회와 도(평의)회 선거를 실시했습니다. 이 변화는 의결기관으로의 전환, 정원의 확대, 임기의 연장, 선거 확대 등의 조치를 통해 조선과 일본 간, 그리고 조선 내 조선인과 일본인 간의 정치적 지위 격차를 일부 좁히기도 했습니다.

　그러나 실질적으로는 여전히 선거권과 피선거권에 엄격한 제한이 있었고, 지방단체장이 의장을 겸임하며 막강한 권한을 행사하는 구조 속에서 조선인과 일본인 간의 격차는 그대로 유지되었습니다.

즉, 제국 일본은 표면적으로 조선인에 대한 차별을 줄이는 것처럼 보였지만, 여전히 민족 간 차별과 문명화의 차이를 강조하며 조선을 종속적이고 피지배적인 사회로 유지하려 한 것입니다.

그러나 3.1운동 이후 조선인들이 정치·사회적 진출이 늘어나면서, 민간 일본인들에게 같은 지역의 조선인들은 갈등의 대상이자 협력의 대상이 되었습니다. 지역의 토목, 건축, 수도, 교육, 산업 등을 둘러싼 예산 분배와 공공재 획득 문제에서 양측은 때로는 대립하고 때로는 협력했습니다.

하지만 일부 민간 일본인들은 여전히 자신들이 식민지 조선을 지배하는 '진정한 국민'이라는 특권 의식을 유지했습니다. 식민 권력의 핵심 이익과 혜택도 계속해서 일본인과 일부 상층 조선인에게 집중되는 경향이 있어서, 조선인들이 민간 일본인들에게 반감을 품기도 했습니다. 그리고 이러한 복잡한 관계는 당시 문학작품에서도 잘 드러납니다.

그때 나막신 소리가 딸각딸각 나더니, 별안간 "요보, 빠가" 하는 콕 찌르는 듯한 소리가 난다. [중략]

옆에는 손가방을 들고 임바네쓰[소매 없는 망토형 외투]를 입은 사람은, 얼른 보아도 십수 년 이 땅에서 고리대금업을 하거나 장사를 하는 일본 사람이다. [중략] 앞으로 서너 발자국 되는 거리에 선 사람은 헙수룩한 조선의 지게꾼. 아마 그 지게꾼이 종로시장으로 달려가다가 일본 사람과 좀 부딪쳤던 모양이다. [중략]

일본인은 "요보, 빠가, 나쁜 사람이" 하고 살기 띤 눈으로 지게꾼을 노려본다. "영감님, 잘못했습니다요" 하고 아무 반항도 없이 옆으로 슬쩍 피하는 것은 지게꾼이다.

그 임바네쓰 입은 사람의 그 눈, 그 입, 모든 것이 다 제가 가지고 있는 작고 흉악한 짐승 같은 잔인함을 있는 대로 다 드러내고 있었다.

　　– 《개벽》 제57호 1925. 3. 1. 「땅속으로」, 抱石 (현대어 편역)

'요보'는 당시 일본인들이 조선인들이 낮추어 부르는 말이었고, '빠가ばか'는 '바보'나 '어리석은 사람'을 지칭하는 일본어입니다. 지게꾼으로 상징되는 약하고 힘없는 조선인과, 고리대금업자이자 위협적인 존재로 그려진 민간 일본인이라는 이미지는, 사회에서 소외받고 차별받았던 조선인의 상황과 인식이 잘 드러납니다.

21

일주일을 7일로 세는 시간 셈법은
어떻게 대중화되었을까?

《한성순보漢城旬報》는 1883년 10월 31일에 창간된 조선 최초의 관영 신문인입니다. '육순'이나 '칠순'이라는 단어에서 알 수 있듯 '순旬'은 "해당 수의 십을 곱한 나이"를 의미하고,《한성순보》역시 이름처럼 10일에 한 번씩 발행되었습니다. 이 신문은 폐간 후 1886년 1월 25일《한성주보漢城週報》로 이름을 바꾸어 발행되는데,《한성주보》는 일종의 서구적 시간 단위인 일주일, 즉 7일 주기로 발간되었습니다. 여기서 주제의 의문이 생깁니다. 일주일을 7일로 세는 서양식 시간 단위는 어떻게 대중화되었을까요?

과거 사람들은 낮과 밤의 교차, 사계절의 순환 등을 통해 시간의 흐름을 인식했습니다. 조선시대까지만 해도 농업이나 항해와 밀접한 세시풍속과 절기를 바탕으로 시간을 이해했고, 자연의 흐름을 관찰하며 연속된 시간 체계를 받아들였습니다. 반면 현대에 널리 쓰이는 7일 단위 주 셈법은 자연의 흐름이나 천문학과는 관계없이, 서양의 기독교 세계관을 바탕으로 정착된 날짜 체계입니다.

이처럼 서로 다른 두 시간 체계가 바뀌게 된 데에는 몇 가지 요인이 있는데, 우선 시간을 구분하고 날짜의 순서를 매기는 방식인 역법의 변화를 들 수 있습니다. 근대 이전까지 조선은 음력을 기준으로 하되 그 단점을 보완한 '태음태양력'을 사용했고, 이는 청나라의 시헌력을 조선의 방식으로 적용한 것이었습니다. 그러다 1876년 개항 이후 조선은 국제적으로 통용되던 태양력인 그레고리우스력을 받아들입니다. 이는 고종이 진행한 갑오개혁과 을미개혁의 일환이었는데, 고종은 1895년 음력 11월 17일을 1896년 양력 1월 1일로 선포하고, 연호를 "양력을 세운다"라는 뜻의 건양建陽으로 정했습니다.

앞으로는 중국 연호 대신
독자적인 연호를 쓰겠다!

建
陽

7일 단위 시간 체계가 정착하는 데에는 선교사들의 영향도 컸습니다. 일주일을 7일로 세는 방식은 원래 기독교의 생활윤리와 시간 관념에서 비롯된 것으로, 기독교 주일을 기준으로 종교적 관점에서 만들어진 것이었습니다. 이러한 7일제는 선교사들이 운영하던 서양식 학교뿐 아니라, 근대화 과정에서 만들어진 신식 기관에서도 널리 사용되었습니다. 이후 학교와 병원 같은 근대적 시설이나 개항장의 해관海關 등에서 7일 단위의 근무와 휴무 제도가 자연스럽게 자리 잡았습니다.

이때 일요일이라는 휴일의 탄생은 도시화의 진행 속에서 휴식과 놀이 공간의 발달에 영향을 미치기도 했습니다. 또한 야구와 축구와 같은 스포츠 문화, 극장 등의 영화 관람 문화 등 취미 문화의 형성 등으로 이어졌습니다.

근대적 시간관념은 하루를 세분하는 방식과 측정 방식에서 더욱

분명하게 드러났는데, 이렇게 나눈 시간을 가시적으로 보여 주는 것이 바로 시계와 같은 기계 장치들이었습니다. 가령 열차 운행 시간이나 우편물 도착 시간은 분 단위로 정확하게 나뉘어 있었고, 세밀하게 쪼개진 시간은 사람들에게 수치화된 근대적인 시간관념을 따르도록 만들었습니다.

그러나 기계식 시계를 사용한 근대적 시간과 그 관념이 짧은 시간 안에 자리 잡기는 쉽지 않았던 것으로 보입니다. 이를 잘 보여 주는 재미있는 일화가 1910년 5월 25일《대한매일신보》에 실렸습니다.

> 시골 부인 하나가 서울이 좋다는 말을 듣고 올라와, [중략] 태어나 처음으로 시계를 보았다. 주인에게 이것이 무엇이냐 물으니, 주인은 이것이 영험하신 신령님을 모신 것인데, 누구든 정성을 다해 소원을 빌면 그 소원이 이루어진다고 했다. [중략] 부인은 곧바로 돈 10원을 꺼내 주인에게 주었고, 주인은 시계를 대충 설비한 다음 다음 한동안 기도를 올렸다. 마침 시계에서 '땡땡' 하는 소리가 났고, 주인은 "부인의 정성에 신령님께서 감동하셔서 머지않아 임신을 하실 것입니다"라고 말했다. 그러자 부인은 매우 기뻐했다.
>
> ─ 『대한매일신보』,「편편긔담」, 1910. 5. 25(현대어 편역)

이 글은 시골에서 상경한 여성이 처음 본 괘종시계를 알지 못해 서울 사람의 장난에 속아 소원을 빌었다는 일화를 담고 있습니다. 이렇듯 개항이 된 지 30여 년이 넘은 시기에도 시계와 시계가 가리키는 시간 개념은 농촌이나 시골, 또는 시계를 접하기 어려웠던 계층들에게는 깊숙이 스며들지 못하고 있었습니다. 그리고 근대적 시간관념을 받아들이지 못한 사람들의 존재는 당시가 얼마나 급격하게 변화하던 시기였는지를 보여 주며, 급변하는 상황에 대한 반발심도 있었을 것으로 짐작됩니다.

그러나 1900년대에 등장한 시계는 1920년대가 되면서 도시 사람들의 생활필수품이 되었으며, '시계 시간'도 점차 대중화되기 시작했습니다. 특히 1930년대에는 공장과 노동자가 늘어나면서 시계 시간에 대한 적응이 더욱 빨라진 것으로 보입니다.

22

언제부터 호패 대신
민증을 사용했을까?

호패號牌는 조선시대에 16세 이상의 남성에게 지급되어 신분증 역할을 했던 물건으로, 가구의 인구와 재산 상태를 파악하고 유랑민을 방지하며, 국가에서 부과하는 일인 각종 국역國役을 동원하는 데 활용되었습니다. 그런데 이런 호패는 어떻게 현재의 주민등록증의 형태로 변경되어 정착되었을까요?

주제의 질문에 답하기 위해서는 일제강점기부터 법제화되기 시작했던 주민 관리 제도의 역사에 대해 알아야 합니다. 일제강점기의 주민 관리는 신분 등록 제도인 '호적 제도'와 주거 등록 제도인 '기류 제도' 두 가지를 중심으로 이루어졌습니다. 그러나 두 제도는 추상적인 '가家'라는 개념 아래 호주戶主와의 신분 관계를 공증하는 데에 초점이 맞춰져 있었고, 혈연 중심으로 이루어져 실제 거주민

을 파악하고 통제하는 데는 한계가 있었습니다.

이러한 한계를 극복하기 위해 일제는 1942년 전시 체제 아래 주민들을 효율적으로 통제하고 동원하며, 나아가 조선인 징병에까지 활용하기 위해 도입된 주거지 신고 의무 제도인 「조선기류령」을 반포했습니다. 해방 이후 수립된 미군정은 일제강점기에 도입된 법령들의 효력을 그대로 인정했고, 이로 인해 혈연 중심의 신분 등록 제도인 '호적 제도'와, 주거지 신고 의무 제도인 「조선기류령」의 영향은 이어지게 됩니다.

이후 미군정은 남한 주민을 관리하고 통제하기 위해 1947년 초부터 '주민등록 제도'과 '등록표 제도'를 시행했습니다. 1949년에는

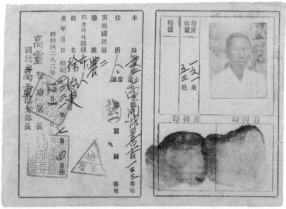

1949년 발행된 경상북도 도민증. 경찰이 발급을 주도했다. ©국립민속박물관 소장

‘빨치산’ 토벌 지역에서 **국민증** 또는 **도민증**을 발급했는데, 이전까지의 등록표가 주민의 거주 파악을 주 목적으로 발급된 것과 달리, 선량한 국민인 ‘양민良民’과 ‘불온분자’를 구분하는 신분증명서로 활용되었습니다. 이는 좌우 갈등 속에서 국가가 주민에 대한 통제와 감시를 강화해 가는 모습을 보여 줍니다.

양민증으로서의 신분증은 한국전쟁을 거치며 전국으로 확대 시행되었습니다. 제주 4.3사건과 여순사건 이후, 사태 진압 과정에서 군부가 양민증을 도입했고, 그 효과가 입증되자 1949년 10월 1일부터는 공비 토벌 지역에서 도민증 또는 국민증이라는 이름으로 시행되었습니다.

주민 통제의 수단으로 기능한 양민증은 전쟁이 끝난 후에도 폐지되지 않고 현재 주민등록증의 전신인 **시·도민증 제도**로 발전하여 공

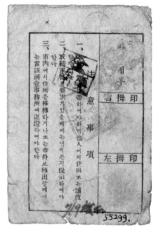

1950년 발행된 서울특별시민증. ©국립민속박물관 소장

고해졌습니다. 흥미로운 점은 이 시·도민증 제도가 당시에는 법률로 입법화된 것이 아니라, 단순히 시와 도의 조례에 근거해 시행되었다는 사실입니다. 각 시와 도는 간첩 색출을 명분으로 시·도민증 제도를 주민 통제의 수단으로 활용하기도 했는데, 간첩 색출이라는 명분이 단순한 주민 통제 구실에 불과하다는 인식이 확산된 1950년대 말부터는 시·도민증 제도 폐지론이 고개를 들기도 했습니다.

그러나 1960년, 5.16군사정변으로 집권한 박정희 정권은 반공反共을 국시로 내세우며 다시 주민 통제를 더욱 강화했습니다. 그래서 군사정변 1년 후인 1962년 5월 10일에는 「주민등록법」을 공포하여 30일 이상 한 장소에 거주하는 사람은 의무적으로 신고 및 등록하도록 했고, 어기면 과태료나 구류에 처했습니다.

이후 박정희 정부는 기존에 시도 차원의 조례였던 시·도민증 제도를 법률 차원으로 격상시키려 했습니다. 시·도민증 제도의 폐지를 주장해 온 언론과 여론, 야당의 반응은 냉담했지만, 정부는 주민등록 제도의 입법화를 강력히 추진했습니다. 법제화의 결정적 계기는 1968년 1월에 잇따라 발생한 두 사건이었습니다. 1월 21일에는 북한 특수 부대원들이 청와대에 침투했고, 이틀 뒤인 23일에는 북한이 미국 정보수집함인 푸에블로호를 납치하는 사건이 발생했습니다. 해당 사건들을 계기로 같은 해 2월 15일, 내무부가 시·도민증을 주민등록증으로 전환하는 「주민등록법 개정안」을 발표하며 전국적으로 법제화되었습니다.

이처럼 일제강점기부터 법제화되기 시작한 주민등록증은 전쟁과 체제 이데올로기의 산물이라고도 할 수 있겠습니다.

23

한국의 교육열은
언제부터 심해졌을까?

    한국은 교육열이 유독 높은 국가로 유명합니다. 최근에는 한국의 교육열에 대한 역사적 연구도 활발한데, 특히 1920년대에 교육열이 증가하고 학교 설립 요구가 많았다는 사료들이 주목받고 있습니다. 그렇다면 왜 이 시기에 교육에 대한 관심이 높아졌을까요?

    1900년대 애국·계몽운동이 활발히 전개되던 시기, 대한제국에서는 운동의 일환으로 교육운동이 이루어지고 있었습니다. 대한자강회와 신민회 등은 매체를 활용한 계몽 활동과 학회와의 연계를 통해 교육운동을 펼쳤으며, 지역 공공 재원인 향교와 서원을 활용해 학교 설립 운동을 적극적으로 펼쳤는데, 이들의 활발한 활동 덕분에 당시 무려 2000여 개 사립학교가 설립되었습니다.

    그러나 이렇게 설립된 학교들은 1910년 한일병합 이후 일제의 사립학교 탄압 정책으로 인해 재정적 기반을 잃고 폐교되거나, 현재의 초등교육 기관에 해당하는 공립보통학교로 전환되었습니다.

그리고 이러한 혼란 속에서 근대 교육에 대한 열망은 잠시 움츠러들게 되는데, 1910년대 중 후반부터 상황이 점차 변화하기 시작했습니다. 특히 도시를 중심으로 교육에 대한 열망이 강해지면서, 1916년경에는 공립보통학교에 입학하기 위해 경쟁을 거쳐야만 학교에 다닐 수 있게 되었습니다. 이는 교육에 대한 욕구가 커졌을 뿐 아니라, 수요에 비해 양질의 근대 교육기관이 턱없이 부족했던 현실 또한 큰 영향을 미쳤습니다.

3.1운동을 전후로 교육에 대한 요구가 더욱 거세지자, 조선총독부와 교육 당국도 식민 통치를 안정적으로 유지하기 위해 교육제도를 개혁하고 교육시설을 확충하기로 했습니다. 이에 1918년 12월경 3면 1교 정책, 즉 세 개 면마다 학교 하나를 설립하겠다는 계획을

세우고 1926년까지 완료하겠다는 목표를 세웠습니다. 그러나 조선인들이 교육시설 확충에 적극적으로 협력한 덕분에, 이 목표는 예정보다 빠른 1922년에 조기 달성되었습니다. 이후에도 공립보통학교는 계속 늘어나 1927년경에는 2면 1교 수준을 넘어서게 됩니다.

여기에 더해 1920년대 초부터는 조선인 중심의 고등교육기관 설립을 목표로 하는 **민립대학설립운동**이 본격적으로 전개되었고, 이를 추진하기 위한 조선민립대학 기성회가 설립되면서 식민 당국을 압박하기 시작했습니다. 식민 당국은 이 운동이 조선인의 민족감정을 자극할 것을 우려해 대응책으로 1924년 「경성제국대학령」을 공포하고 경성제국대학을 설립했습니다. 이로써 1920년대 후반부터 경성제국대학에서 졸업생이 나오기 시작했지만, 대학 입학정원이 매우 부족했고 학과도 다양하지 않았기에 조선의 고등교육 수요를 충족시키기 어려웠습니다. 그러자 조선인들은 일본은 물론 중국, 미국

등으로 유학을 떠나 더 나은 교육을 받으려 했습니다.

한편 당시 조선에서의 교육 열기와 학교 설립의 열기를 가장 잘 보여 주는 사례 중 하나가 **군산 공립 보통학교 설립 운동**입니다. 1920년 당시 조선 전체에서 중학교와 고등보통학교는 일본인 학교 5개교, 조선인 학교 12개교에 불과했기 때문에 지역에 학교를 유치하는 것은 주민들에게 커다란 숙원 사업이었습니다.

특히 1922년 총독부가 중학교 설립을 계획하자, 군산뿐 아니라 목포, 광주, 전주, 이리 등 여러 지역에서도 중학교 설립 요구가 쇄도했습니다. 이 시기 학교들은 대부분 사립이 아닌 공립이었지만, 공립학교라고 해도 지역 주민들이 조합을 결성해 조합비를 걷고 이를 운영 자금으로 사용하는 조합립組合立 방식이 일반적이었습니다. 즉 학교 설립에는 지역 재원의 조달이 가장 중요한 과제였습니다. 당시 군산은 쌀 무역항으로 번창하며 거주하던 일본인들이 막대한 부를 축적하던 지역이었습니다. 이러한 재력을 바탕으로 1922년

3월 29일에 군산중학교 설립 기성회가 결성되었고, 기금 조성을 통해 조합립 군산중학교를 유치했습니다.

그러나 학교를 세운 뒤 조합 차원에서 이를 운영하고 유지하는 데는 큰 비용이 필요했습니다. 이에 군산의 일본인들은 경제적 부담을 줄이고자 조합립 중학교를 '도립道立' 중학교로 전환하려 했고, 이 과정에서 조선인들의 협력을 구했습니다. 당시 조선인들도 중학교 설립을 간절히 원했으며, 조선인들도 세금을 내며 도립 중학교의 설립과 운영에 기여하고 있었기에 조선인 학생의 입학을 허용해야 했기 때문입니다.

일본인 측은 군산중학교 학생 중 조선인 비율을 3분의 1까지 허용하겠다는 약속으로 조선인들의 협력을 얻었습니다. 하지만 도립으로 전환된 후 조선인 학생의 입학 비율은 약속과 달리 10퍼센트 내외에 그쳤습니다. 이는 당시 교육에서 조선인들이 여전히 차별받고 있었음을 보여 주는 사례로, 조선인의 기대와 현실 사이의 간극을 드러낸 사건이었습니다.

24

일제강점기 경성에서도
집 구하기 어려웠을까?

오늘날 서울에서 내 집을 마련하는 것이 어렵듯 근대 경성에서도 주택난이 매우 심각했습니다. 왜냐하면, 근대에도 농촌을 떠나 도시로 몰려드는 사람들에 비해 주택 공급은 턱없이 부족했고, 여기에 부동산 투기까지 겹치면서 집값 급등과 심각한 주택난이 발생했기 때문입니다.

일제강점기 도시 주택 시세가 급등한 첫 번째 이유는 인구의 폭발적인 증가였습니다. 조선시대 한양의 인구는 10만 명에서 20만 명으로 비교적 안정적이었지만, 식민지화와 농촌의 빈곤화가 가속화되면서 도시로 인구가 몰리기 시작했습니다. 수치를 보면 한양에서 경성으로 명칭이 바뀐 서울의 인구는 1920년대에 25만 명, 1930년대에 40만 명, 1940년대에는 100만 명에 육박하게 됩니다.

특히 경성을 포함한 평양, 경성, 인천, 대구, 원산의 6대 도시는 광역경제권의 중심지로, 생계를 찾는 사람들과 이윤을 좇는 자본이 집중되는 곳이었습니다. 당시 식민 권력은 공간의 효율적인 개발을 목표로 6대 도시의 행정구역을 확장하고 도시화 계획을 수립했지만, 준비 부족으로 인해 주택 공급이 수요를 따라가지 못했습니다. 그 결과 주택 부족과 가격 상승 문제가 다른 지역보다 더욱 심각해질 수밖에 없었습니다.

주택 시세 상승의 두 번째 원인은 당시 평양과 인천 등을 휩쓴 부동산 투기의 바람이었습니다. 1930년대 식민지 자본주의화가 가속화되면서 광공업 발달에 유리한 조건을 갖춘 평양과 인천은 흥남과 함께 식민지 시기의 3대 공업지대로 급성장했습니다. 이에 항만 확장, 교통체계 정비, 매립 및 시가지 조성 등이 외곽 지대를 중심으로 진행됐고, 도시의 땅값은 폭등했습니다.

대표적으로 1933년부터 1936년 사이 평양의 토지 가격은, 평양

선교리가 5원에서 50원으로, 평양 서성리가 20원에서 100원으로, 평양 암정이 16원에서 66원으로 폭등했습니다. 이 때문에 평양과 인천에서는 다른 도시를 능가하는 주거 갈등과 계급 간 갈등이 고조되었다고 합니다. 이는 급격한 공업화 정책과 식민 당국의 미흡한 주거 대책, 1937년 중일전쟁 이후 전시 체제기 물자 부족과 자금난 등이 맞물려 주택난을 더욱 심화시킨 결과였습니다.

주택문제가 고질적인 병폐로 자리 잡은 조선에서 무주택자들은 고단한 삶을 이어 갔습니다. 불평을 제기하면 주거 공간을 잃을지 모른다는 두려움에 늘 시달렸기에 임대인의 계속되는 무리한 요구도 받아들일 수밖에 없었습니다. 이처럼 생계의 벼랑 끝으로 몰린 임차인들은 점차 절박함을 행동으로 옮기기 시작했으며, 주택난이 심각했던 6대 대도시에서 이를 해결하려는 움직임이 먼저 나타났습니다.

한편, 어렵사리 셋방을 얻거나 행랑살이를 해야 했던 사람들도 많았습니다. 행랑채에 더부살이를 하던 이들은 남자는 머슴살이를 하고, 여자는 이른바 '가정부' 혹은 '식모' 일을 하며 생계를 꾸려 나갔습니다. 이는 구직난과 주택난이 얽힌 일제강점기 도시 하층민의 전형적인 삶의 모습이었습니다.

행랑살이마저 할 수 없었던 사람들은 토막土幕을 짓고 살았습니다. 토막은 '흙으로 만든 허술한 움막'이라는 뜻으로, 흙으로 벽을 대충 바르고 지붕을 얼기설기 엮은 허술한 움막이었습니다. 이러한 형태의 주거는 1920년대부터 본격적으로 등장했는데, 농토를 잃거나 살길이 막힌 농민들이 지게꾼이나 날품팔이를 하기 위해 도시로 몰려들면서 거처가 필요해졌기 때문입니다.

토막민의 주거지는 도심부로 쉽게 접근할 수 있는 시 외곽 지역에 모여 있었습니다. 이곳은 행정적으로는 상류층 주거지와 같은 구역으로 분류되었지만, 실제로는 묘지나 유곽, 강바닥, 다리 밑과 같은 열악한 환경에 자리 잡고 있었습니다. 이들의 수를 정확히 파악하기 어려우나 1940년경 경성의 도심과 외곽에서 거주하던 토막민은 3만 명이 훨씬 넘었을 것으로 추정됩니다.

4부

알고 나면 더 재밌는
근현대 운동 이야기

25

독립운동가의 가족들은
어떻게 살았을까?

조선의 독립을 위해 투쟁했던 독립운동가들 뒤에는 그동안 잘 조명되지 않던 또 다른 영웅들인 그들의 가족들이 있습니다. 최근에는 독립운동가들의 활동을 보조하고 지원했던 가족들과 지인들에 대한 관심도 커지고 있는데, 독립운동가들의 가족은 실제로 어떤 삶을 살았을까요?

우선 국외로 망명을 떠난 독립운동가들의 경우, 그들의 가족들도 대부분 함께 조선을 떠났습니다. 시대 배경상 남성 가장의 뜻에 따라 어쩔 수 없이 떠나게 될 때도 있었지만, 독립운동의 취지와 목적에 동의하여 함께 떠나기로 결심한 경우도 많았습니다. 특히 독립운동가와 결혼한 여성들의 경우, 친정이 독립운동을 하는 집안과 교류가 있었거나 비슷한 신분이었던 사례가 많았습니다. 당시에는 독립운동가 집안 출신끼리 결혼하는 경우가 흔했기 때문입니다.

그렇다고 모든 여성이 남성 가족의 영향으로 독립운동에 뛰어들었던 것은 아니었습니다. 오히려 자발적으로 독립운동에 나선 여성들도 많았는데, 대표적으로 독립운동가 허정숙이 있습니다. 허정숙의 아버지 허헌은 일제강점기에 조선인 변호에 힘쓰고 신간회 중앙집행위원장을 지낸 인물이었습니다. 하지만 허정숙은 민족해방운동과 여성운동의 한 방법으로 사회주의를 받아들이며 독자적인 독립운동의 길을 걸었습니다.

한편 직접적으로 독립운동에 참여하지 않았던 가족들도 다양한 방식으로 독립운동가들을 지원했습니다. 대표적으로 감옥에 갇힌 독립운동가들에게 옷가지와 음식 등을 챙겨 주며 뒷바라지하던 **옥바라지** 문화도 그 방식 중 하나인데, 일제 통감부 시절의 서대문형무소 인근 지역이자 오늘날의 서울 종로구 무악동 인왕산 자락에 위

치하는 '옥바라지 골목'에서 흔적을 살펴볼 수 있습니다. 이런 골목이 형성된 이유는 일제강점기 독립운동가의 가족과 지인들이 수감된 독립운동가를 옥바라지하기 위해 서대문형무소 근처에서 자주 머무르면서, 매일 형무소를 오가며 독립운동가를 돌보던 사람들이 모여 살게 되었기 때문입니다.

그런데 분명 당시 형무소에서도 수감자들에게 의식주가 제공되었을 텐데, 가족들의 옥바라지가 필요했던 이유는 무엇일까요? 그 이유는 미결수未決囚 제도 때문이었습니다. 미결수는 형사절차에 의해 공판 회부가 결정되기 전, 즉 재판 전 예심 단계에 있는 사람을 말합니다. 당시 조선에서는 일본 본국보다 더 불공평하면서 가혹하기도 한 법이 적용되고 있었고, 일본은 예심 기한에 있는 미결수에게 감옥에서 필요한 음식, 옷가지, 침구 등의 물품을 전부 각자 부담

일제강점기에 촬영된 서대문형무소 전경. ⓒ국립춘천박물관 소장

하게 했습니다.

　문제는 이 미결수 상태가 비징상적으로 오래 지속되었다는 점입니다. 일본 사법제도는 의도적으로 독립운동가들에 대한 예심 기한을 길게 끌었고, 그 기간 동안 미결수는 감옥 생활에 필요한 모든 비용을 스스로 감당해야 했습니다. 이는 미결수 자신뿐 아니라 그들을 돕는 가족과 지인들에게도 경제적, 심리적으로 큰 고통을 안겨주었습니다. 이런 불합리적인 상황 때문에 독립운동가의 가족과 지인들은 수감된 미결수를 돕기 위해 반강제적으로 형무소 근처에서 머물며 함께 생활할 수밖에 없었습니다.

　연구자 전영욱은 옥바라지 문화를 식민 권력이 독립운동 같은 ‘저항’을 사회에서 고립시키려 했던 상황과 연결 지으며, 이를 감옥에 갇힌 사람들과 그 가족, 지인들이 평범한 일상과 기존의 관계를 지키기 위해 함께 맞선 싸움이라고 설명합니다.

이렇듯 옥바라지 골목은 3.1운동이나 광주학생운동과 같은 전국 단위의 항일운동이 벌어질 때마다 늘어나는 미결수와, 그들을 도우려는 옥바라지 행위가 만들어 낸 공간이었습니다. 즉, 단순한 거주지가 아니라, 독립운동가들과 그 가족이 겪어야 했던 고난과 처지를 상징적으로 보여 주는 공간이라고 할 수 있습니다. 더 나아가 옥바라지는 직접 독립운동을 했던 운동가뿐 아니라, 그들을 돌보고 지지했던 가족들의 삶 또한 독립운동의 영역에서 새롭게 조명해야 한다는 사실을 새삼스레 우리에게 알려준다고 하겠습니다.

26

유관순의 수형 번호에 얽힌
흥미로운 이야기는?

   3.1운동 100주년을 맞이하여 2019년에 개봉한 영화 〈항거〉는 평범한 소녀이자 학생이었던 유관순이 감옥에서 고통과 번민을 겪으며 영웅으로 변화하는 과정을 그린 작품입니다. 영화 속 등장하는 유관순의 수형 번호는 371인데, 가상의 번호가 아니라 일제가 관리했던 '일제감시대상인물카드' 속 유관순 사진에 한자로 "三七一(371)"이라고 적혀 있는 데에서 근거한 것입니다.

   그런데 최근 학계에서는 유관순의 수형 번호가 371이 아니었을 수도 있다는 가능성이 제기되고 있습니다. 이와 관련해 3.1운동 이후 일제가 조선인을 관리하고 통제하기 위해 제작한 **일제감시대상인물카드**와, 카드 속 유관순의 사진을 통해 유관순의 수형 번호를 둘러싼 견해를 알아보겠습니다.

근대국가가 성립된 이후, 국가는 개인을 '국민'으로서 관리하고 통제하기 위해 여러 가지 방법을 활용했습니다. 그중 가장 효과적인 방식은 사진과 정보 관리를 통해 개인의 신상을 확보하는 것이었는데, 개인 통제 방식은 조선의 독립운동가들을 감시하고 억압하려 했던 제국 일본의 통치 전략에서 가장 두드러지게 나타나며, 대표적인 사례가 바로 일제감시대상인물카드입니다.

안창호의 일제감시대상인물카드(위)와 유관순의 일제감시대상인물카드(아래)

일명 '수형기록카드'라고도 불리는 이 카드는 일제강점기에 소위 '사상범'으로 분류된 사람들과 일부 수배자, 감시가 필요하다고 판단된 인물들의 정보를 기록한 종이 재질의 카드입니다. 그 카드는 가로 15센티미터, 세로 10센티미터의 직사각형 모양으로 생겼고, 앞뒷면에는 인물의 사진과 신상정보, 수형 사항이 자세히 기록되어 있습니다.

일제는 이 카드를 통해 독립운동가를 비롯한 체제 반대 인물들의 신상 정보를 철저히 파악하고 통제하려 했는데, 중복 카드를 제외하고 카드에 기록된 인물은 총 4837명으로 파악됩니다. 죄명이 확인되는 4630명 중 대다수인 4062명이 '사상범'으로 기록된 사실은 일본이 식민지 저항 세력을 얼마나 체계적으로 관리하고 억압했는지를 잘 보여 줍니다.

이를 방증하듯 카드에는 수감자의 기본 정보와 수형 기록이 자세

히 기재되었습니다. 그 항목에는 사진과 이름, 연령, 본적과 주소, 직업, 주거지 등의 신상 정보뿐 아니라, 죄명, 형량, 선고 재판소, 입소 및 출소일, 집행 감옥 등의 수형 기록이 포함되어 있으며, 수감자의 사진에는 사진 촬영일과 장소까지 기록되었습니다. 대부분은 서대문형무소에서 촬영되었으나, 서울뿐 아니라 전국 각지의 경찰서에서 촬영된 사진 또한 1000여 장에 달하는 것으로 확인됩니다.

일제감시대상인물카드는 2018년에 '일제 주요감시대상 인물카드'라는 명칭으로 등록문화재 제730호로 지정되었습니다. 일제가 감시와 통제를 위해 활용했던 이 수형 기록 카드는 역설적이게도 오늘날 독립운동가와 항일운동의 역사를 정리할 수 있는 중요한 기록물이자, 한국인들의 모습을 연구하는 데에 기초 자료로서 유용하게 활용되고 있습니다.

각설하고, 다시 주제의 질문으로 돌아가 유관순 열사의 수형 번

호 논란을 살펴보겠습니다. 일반적으로 연구자들은 유관순의 수형 기록카드에 한자로 거꾸로 찍힌 숫자를 수형 번호로 추정해 왔습니다. 그러나 정병욱 교수의 연구 『낯선 삼일운동』과 다른 연구자들의 지적에 따르면, 이 숫자는 서대문 형무소의 수형 번호가 아니라 '보존원판번호'로 추정됩니다. 즉, 이 자료를 관리한 주체가 경기도 경찰부인지 서대문형무소인지 명확하지는 않지만, 수형자를 관리하기 위해 사진의 원판을 보관하는 과정에서 붙인 번호일 가능성이 높다는 것입니다. 그렇지 않은 이상 '三七一'이 사진에서처럼 반대로 찍힐 일도 없었으리라는 것이 이들의 주장입니다.

물론 사진 숫자 371이 유관순의 수형 번호든 보존원판번호든 상관없이, 일제강점기에 독립을 위해 젊음을 바쳤던 수많은 독립운동가들이 있었다는 사실은 변하지 않습니다.

27

일제강점기 조선인 노동자들의 대우는 어땠을까?

근대 이후 산업의 발전 과정에서 업무 중 발생하는 크고 작은 사고가 사회적 문제로 떠올랐습니다. 이를 해결하기 위해 업무 중 발생한 사고를 '재해'로 인정하려는 노력이 있었고, 재해로 인정되지 않는 경우 노동자들이 노동운동을 일으키기도 했습니다. 그런데 엄혹한 일제강점기 때 조선인 노동자들은 어떤 대우를 받았을까요? 산업재해나 노동재해의 보호를 받을 수 있었을까요?

1920년대까지 조선을 식량과 공업 원료의 공급지로 삼아 왔던 일본은, 1930년대에 들어서면서 자본을 투자하고 공업 제품을 생산하는 장소로 조선을 활용하기 시작했습니다. 이로 인해 조선의 공업 생산은 늘어났지만, 조선의 인력과 자금이 일본으로 빠져나가는 현상은 더욱 심화되었습니다. 특히 1931년의 만주사변과 1937년의 중일전쟁, 1941년의 태평양전쟁 등 끊이질 않는 전시 상황에서 일본은 자국의 인력과 물자, 자금을 총동원했고, 전시체제 말기에는 조선인 노동자들이 모집되거나 강제로 동원되기도 했습니다.

당시 조선인들에게 주어진 일은 대부분 일본인들이 기피하는 위험하고 고된 일이었습니다. 그만큼 재해에도 더 많이 노출되었지만, 열악한 노동환경을 거부하거나 부당함을 호소할 권리조차 조선인 노동자에게는 없었습니다. 당시에는 노동자들의 권리를 대변할 단체들마저 일제의 억압으로 제대로 활동하지 못했고, 식민지인들에게는 이런 상황을 바꿀 정치적 힘도 없었을 정도로 상황이 좋지 않았습니다. 결국 조선인 노동자들은 장시간의 혹독한 노동에 시달리면서도 직업교육이나 안전교육조차 받지 못해 자주 사고를 당했고, 일본인 노동자들보다 부당한 대우를 받는 일도 많았습니다.

대표적으로 함경도 함흥에 위치한 흥남비료공장은 조선인 노동

자들의 현실을 잘 보여 줍니다. 일제강점기 조선 최대 규모의 공장이었던 흥남비료공장을 집중적으로 연구해 온 연구자 양지혜에 따르면, 공장이 한반도에 위치하고 있었음에도 1942년부터 1945년 동안 흥남비료공장 내 조선인 노동자와 일본인 노동자 간의 임금격차는 점점 더 확대되었습니다. 이런 불합리한 상황 속에서 노동자의 생활을 보장하고 성과를 장려하기 위해 민족 간 차별을 시정하려는 시도도 일부 있긴 했지만, 가산급, 재선수당, 승급, 상여금 등의 규정은 여전히 일본인에게 유리하게 작용하며 차별은 지속되었습니다.

한편 홋카이도의 고노마이鴻之舞 광업소의 사례에서도 일본 본토에 동원된 조선인 노동자의 현실이 잘 나타납니다. 중일전쟁이 장기화되면서 고노마이 광산의 일본인 노동자들이 징병으로 점차 줄

흥남비료공장 전경 ©국립춘천박물관

어들자 일본 정부는 '노무동원계획'에 따라 조선인 노동자들을 고노마이 광업소에 본격적으로 동원하기 시작했습니다. 그렇게 광업소는 1939년부터 매년 꾸준히 조선인 노동자들을 모집했으며, 1942년 6월 말에는 조선인 노동자 수가 2000명을 넘어섰습니다.

원래 고노마이 광업소에서 작성한 요강에 따르면, 광산에 도착한 노동자들은 작업 시작 전 기초 훈련과 기술 훈련을 의무적으로 받도록 되어 있었습니다. 하지만 조선인 노동자들은 2~3일 정도의 간단한 교육만 받고 갱내로 바로 투입되었습니다. 그나마 진행된 교육도 대부분 일본어 교육에 치중되었으며, 광산 노동에 필요한 실질적인 기술교육과는 거리가 멀었습니다.

이런 열악한 상황에서 수많은 사고가 발생했는데, 조선인 노동자들이 당한 재해와 사고 대부분은 최소한의 안전시설이 갖춰지지 않

아 발생한 사고였습니다. 갱도 붕괴나 화약류 사고처럼 위험성이 큰 작업에서 그 위험을 제대로 알지 못한 경우가 많았고, 언어 장벽으로 인한 의사소통 부족도 주요 원인으로 작용했습니다.

1939년 10월부터 1943년 3월 휴광 직전까지, 광산에 동원된 조선인의 재해 사망률은 일본인의 약 2배에 달했습니다. 그러나 당시 이러한 산업재해의 원인은 조선인 노동자들의 부주의나 민족성 탓으로 돌려졌고, 구조적인 차별과 안전 미비와 같은 문제는 제대로 지적되지 않았습니다. 이러한 왜곡된 시선과 차별적 처우는 조선인 노동자들의 고통을 가중시켰습니다.

28

씨 없는 수박은
누가 최초로 개발했을까?

 냉혹했던 일제강점기에도 지식은 꽃피웠고, 과학 박사들이 존재했습니다. 이 중 농학 박사 우장춘은 씨 없는 수박을 개발한 이로도 잘 알려져 있는데, 우장춘은 정말 처음으로 씨 없는 수박을 개발했을까요?

 사실 우장춘은 원래 농과대학이 아닌 공학부에 진학할 계획이었습니다. 그러나 우장춘의 학비를 지원하던 조선총독부가 농과대학 실과에 진학하도록 강요하면서 어쩔 수 없이 도쿄제국대학 농과대에 입학했습니다. 이후 우장춘은 일본 국립농사시험장에서 근무하며 겹피튜니아 합성에 성공했고, '종간 합성'에 관한 논문으로 1936년 도쿄제국대학에서 농학 박사학위를 취득했습니다. 그 후 그는 교토의 다키이종묘주식회사에서 농장장으로 일하며 '농림 1호'

'교토 3호' 등 무와 배추의 새로운 개량종 개발을 주도했습니다.

그러다 1945년 광복 이후, 식량난을 겪던 한국에서 우수한 채소 종자들을 직접 생산할 수 있는 독자 기술이 필요하다는 목소리가 커지면서 이를 해결할 사람으로 당시 일본에서 명성이 높았던 우장춘 박사가 회자됐습니다. 당시 우장춘 박사의 귀국을 바라는 운동까지 시작됐는데, 이러한 성원에 1950년 3월 8일, 우장춘은 단신으로 조국의 땅을 밟았고, 한국농업과학연구소 소장으로 취임합니다.

이후 우장춘은 주목할 만한 성과를 내기 시작하여 1954년에는 한국의 환경에 맞는 무와 배추의 새 품종을 대량 생산하는 데에 성공해 국내 자급을 가능하게 만들었습니다. 또한 제주도와 강원도 등지에서 감귤, 감자, 벼 등을 개량하기도 했는데, 그가 개발한 무병씨감자는 한국의 식량난을 해결하는 데 크게 기여했습니다. 이 업적을 인정받아 농림부 장관직을 제안받기도 했지만 우장춘은 거절

이랬다가,
이리 되었습니다!

하고 종자 개발에만 헌신했습니다

  그런데 통념과는 달리 '씨 없는 수박'을 최초로 개발한 사람은 우
장춘 박사가 아닙니다. 씨 없는 수박을 처음 개발한 이는 일본 교토
대학교의 기하라 히토시木原均 박사이고, 우장춘 박사는 일본에서 귀
국한 후 한국의 새로운 농업정책과 종자산업의 중요성을 강조하기
위해 씨 없는 수박을 재배하는 모습을 공개했던 것뿐이었습니다.
하지만 당시 언론들이 이를 과장해 "우장춘 박사가 씨 없는 수박을
만들었다"라고 보도하면서 사람들에게 잘못 알려지게 되었습니다.
물론 우장춘이 식민지 출신으로 제국대학에서 과학 박사 학위를 받
고, 식민과 전쟁의 폐허에서 설립된 조선을 위해 헌신한 박사 중 하
나라는 사실은 변하지 않습니다.

29

지금의 상식은
언제부터 상식이었을까?

예능 프로그램에는 '상식' 퀴즈가 자주 등장합니다. 출연자가 퀴즈를 맞히지 못하는 장면은 상황에 따라 시청자에게 웃음을 주기도 하고, 반대로 맞히면 출연자가 기본적인 교양이 있는 사람으로 여겨지기도 합니다. 이때 퀴즈의 소재로 등장하는 '상식'은 특정 국가의 수도, 각종 기호를 읽는 방법, 외국어, 역사 지식 등 다양한데, 우리가 보편적으로 이야기하는 이 '상식'이란 무엇일까요? 상식이라는 개념은 어떻게 등장했으며 나아가 시대마다 상식은 어떻게 다를까요?

표준국어대사전에 따르면 상식은 "사람들이 보통 알고 있거나 알아야 하는 지식"입니다. 여기서 '보통'이라는 정의 때문에 그것을 아느냐 모르느냐에 따라 사람의 지식이나 교양 수준이 평가되기도 합니다. 그러나 통념상 상식과 그 습득은 사적인 영역에만 국한되지 않습니다. 상식은 개인을 공동체와 연결하는 매개체이며, 상식의 형성과 변동은 근대 시기 한국의 지적 전통과 실천, 그리고 사회관계망의 재편에 따른 산물입니다. 이러한 상식의 성격을 이해하려면 근대 한국에 '상식'이라는 개념이 어떻게 자리 잡았는지에 대해 알아야 합니다.

1909년, 일본 내 조선 유학생 단체인 대한흥학회의 기관지『대한흥학보』에는 부모가 "시대의 상식"을 알아야 한다며, 자녀 교육을 위해 부모에게 상식 보급이 시급하다는 글이 실립니다. 이는 '상식'의 중요성을 처음으로 역설한 글이지만, 이에 앞서 조선에서 '상식'이라는 개념을 가장 먼저 자각한 것은 1910년대 중후반의 해외 유학생들이었습니다. 당시 제1차세계대전과 3.1운동의 여파로 조선

사회에 지식 계급들이 활동할 수 있는 공간이 확보되었고, 학문이 전문적으로 분화하기 시작했습니다. 이러한 학문의 전문화 과정에서 지식의 위계가 형성되었는데, 이로 인해 이른바 '전문 지식'과 구분되는 '상식'이라는 개념이 출현할 수 있었습니다.

이때 등장한 '상식 운동'은 조선인들의 실력 양성과 혁신을 강조하며, 사회와 민중을 교화하고 민족의식을 고양하기 위해 문화적 민족주의운동의 흐름 속에서 추진되었습니다. 특히 1920년대 초중반에는 물산장려운동, 민립대학설립운동과 같은 계몽 운동이 활발히 일어났고, 연설회와 강연회도 폭발적으로 개최되며 일반적인 상식을 공유하고 대중을 계몽하려는 노력이 확산되었습니다. 이러한 노력에는 외국 선교사, 청년회, 교육회, 천도교와 기독교 등의 종교단체, 유학생, 학교 등이 적극적으로 참여했습니다.

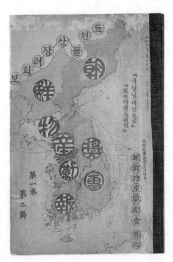

1930년 1월 15일
조선물산장려회에서 발행한 기관지
『조선물산장려회보』 제1권 제2호.
ⓒ국립한글박물관

야채 소독법

부인 상식

맛있는 과일을 고르기 위한 상식

옷에 묻은 오물 지우는 법

　또한 상식 보급에 중요한 역할을 한 것은 잡지와 신문 등의 지면 이었습니다. 1920년대 중반부터 일부 신문에는 가정과 여성을 대상으로 한 '부인 상식'이 연재되었는데, 이를 통해 당시 사람들이 무엇을 상식으로 여겼는지 간접적으로 알 수 있습니다. '부인 상식'에 연재된 내용을 보면 "의복에 오물이 묻었을 때의 대처 방안"과 같은 생활 상식과, 의학 및 위생과 관련된 상식들이 주를 이루었습니다. 한편, 아내이자 어머니로서 여성이 알아야 할 것들이 '부인 상식'으로 정리되었다는 점에서 당대 조선의 주류 언론이 만들어 내려 했던 상식적인 여성상이 무엇인지도 확인할 수 있습니다.

　그러나 '상식'도 변화를 겪습니다. 1920년대 후반, 세계대공황으로 인해 세계경제와 함께 조선도 영향을 받으면서 경제 불황에 대한 사회적 관심이 높아졌습니다. 이러한 상황에서 경제 대공황이 어떻게 발생했으며 앞으로 어떤 영향을 끼칠지에 대한 경제 상식에 대한 요구가 강해졌습니다. 이에 따라 신문과 대중 잡지에서는 '경제상식강좌'란이나 경제 공황을 다룬 기사들이 증가했습니다.

또한 이 시기에 '○○상식 사전'과 같이 '상식'이 붙은 서적들이 등장하기 시작했는데, 이러한 변화의 배경에는 확대된 교육 기회, 경제학을 공부한 유학생의 출현, 사회주의와 경제학 지식 등 다양한 사상과 외국 서적의 유입, 그리고 과학 등 학문에 대한 이해 확산이 있었습니다. 그러나 이러한 경제 상식 운동은 1935년 신문사의 문자보급운동과 강습회가 중지되면서 점차 쇠퇴하게 됩니다.

이렇듯 당대의 상황과 맥락에 따라 '상식'은 끊임없이 변해 왔습니다. 그러니 현재 예능 프로그램에서 나오는 상식 퀴즈를 맞히지 못했다고 해서 너무 부끄러워할 필요도, 출연진에게 지나치게 엄격한 잣대를 들이댈 이유도 없겠습니다.

30

왜 신여성은 있는데
신남성은 없을까?

신여성은 개화기 때 신식 교육을 받은 여성을 이르던 말입니다. 남성 운동가들에 비해 상대적으로 주목받지 못했지만, 신여성들은 3.1운동을 전후로 식민지 조선의 독립운동에서 또 하나의 주축으로 활동했습니다. 그런데 여기서 의문이 생깁니다. 왜 '신여성'이라는 말은 있는데 '신남성'이라는 말은 없을까요?

주제의 질문에 답하기 위해서는 우선 '신여성'이라는 개념과 단어가 어떻게 탄생했는지를 알아야 합니다. 19세기 중반만 하더라도 여성들이 집안이나 친족을 넘어서 네트워크를 만들기는 어려웠습니다. 여성들이 집단적으로 움직이기 시작한 것은 대한제국 시기 국가의 위기 상황에서 국가가 일본에 빌린 차관을 국민이 갚고자 했던 국채보상운동 속 '국채보상부인회'나, 근대 시기 결성된 여성

교육 단체 및 신앙 단체를 통해서였습니다. 다만 이 시기 단체에 참여한 이들은 주로 양반 여성들이었습니다.

이후 다양한 계층의 여성들이 조직적으로 참여한 3.1운동을 통해 여성 연대가 본격적으로 활성화되기 시작합니다. 여성들은 3.1운동에 참여하는 과정뿐 아니라 체포되고 수감되는 과정에서도 정치 주체로서의 역할을 자각했는데, 당시만 해도 여성이 정치범으로 투옥되는 것은 유례가 없는 일이었기 때입니다. 여성들은 구속되는 순간부터 나라 잃은 민족의 설움과 더불어 '여성'이라는 존재에 대한 자각을 경험하게 되었습니다. 더욱이 혹독한 고문, 특히 성적인 고문까지 자행되면서 감옥에서 여성들은 남성과는 다른 경험을 해야 했습니다.

가령 평안남도 중화군의 양무여학교 교사 이효덕은 3.1운동에 참여한 직후 경찰서로 호송되었으나, 여성은 따로 유치할 장소가 없어 현관에 구치되었습니다. 이효덕의 회고에 따르면 일본인 순사들

이 현관을 지날 때마다 그를 농락해 제대로 잠을 잘 수 없었고, 화장실에 가기 어려워 일주일 동안 물도 밥도 먹지 못했다고 합니다. 이후 7일을 굶은 채 평양검사국 유치장으로 호송되었지만, 그곳에서도 여성을 수용할 공간이 없어 복도에 구치되었습니다.

1920년대에는 사회주의 여성운동과 함께 여성 권리 옹호와 교육운동이 활발히 전개되기도 합니다. 그 결실 중 하나가 민족주의와 사회주의 연합 여성단체였던 **근우회**입니다. 일반적으로 근우회는 신간회의 '자매단체'로 알려져 있지만, 실제로는 여성해방과 지식 계몽을 위한 활동을 주도했습니다. 또한 근우회는 신간회와 함께 1929년 광주학생운동을 지지했으며, '근우회 사건'으로 불리는 1930년 서울 지역 여학생 연합 시위를 조직하기도 했습니다. 근우회 이후 여성운동의 노선은 더욱 다양화되었습니다.

1927년 10월 22일자 《매일신보》에 보도된 근우회 강연회

한편 1920년대 초부터 일본에서 '신여성'이라는 용어가 유입되기 시작했습니다. 다만 이 용어는 여성들이 자칭한 것이 아니라 남성에 의해 명명된 것이며, '신남성'이라는 단어가 존재하지 않는 이유도 여기에 있습니다. 당시 초기 담론을 주도하던 남성 지식인들은 여학생을 미래의 '신여성'으로 규정하며 기대를 걸었고, 신여성이라는 단어는 "여성운동을 추구하는 여성"을 넘어 "조선 사회를 문명화시킬 개조의 주체"라는 의미로 확장되기도 했습니다.

그러나 신여성을 향한 편견은 여전히 존재했습니다. 신여성들은 '누이'나 '누님'으로 불리며 새로운 정치 주체로 등장한 '남성' 청년의 하위 파트너로 여겨졌는데, '오누이의 평등'과 '연대의 유대감'을 명목으로 훈계와 감시의 대상이 되기도 했습니다.

또한 신여성은 "유행하는 의복에 허영을 부리는 여성"이라는 멸칭으로도 사용되는 등 경시하고 여성운동을 부차적인 것으로 취급하는 문제는 여전히 존재했습니다. 이를 방증하듯 언론은 여성운동가의 가십성 사생활에만 집중했고, 여성운동의 진전에는 주목하지

않았으며 신여성은 주요 풍자 대상이 되었습니다. 이와 같은 모습에 대해 여성 운동가 정칠성은 '신여성'에 대한 당시 사회적 규정과 편견을 아래와 같이 묘사합니다.

참 어떻든 신여성이란 이름이 퍽 높이 알려진 모양인가 봐요. 왜 신남성은 없고 하필 신여성인가요. 좌우간 고맙습니다. 훌륭한 신新 자를 여성에게만 붙여 주다니요. 그런데 내가 보는 신여성이나 새로운 신호는 당신들(신여성 신여성 하는 분들)이 보는 신여성과 좀 다릅니다. [중략] 내가 보는 바 신년에 신호를 울리며 앞날의 거룩한 신생활의 힘찬 신호를 울릴 진정한 신여성은 오직 연초, 제사, 방직 공장 등 흑탄 굴뚝 속에서만 볼 수 있는 것입니다. 생명을 재촉하는 새벽 5시 고동 소리와 함께 피곤한 다리를 옮겨 놓는 그들!
-《동광》제29호, 1931년 12월 27일, 「신여성의 신년 신신호(新信號)
- 앞 날을 바라보는 부인로동자」, 정칠성(丁七星)

당시 일제강점기 주류 언론과 남성들이 사용한 '신여성'이라는 단어에는 긍정과 부정의 의미가 혼재되어 있었다고 할 수 있었고, 그러한 젠더 구조 속에서 여성운동가들은 민족과 계급뿐 아니라 여성의 해방도 추구하려 한 것입니다.

31

전봉준은 왜
'녹두 장군'이라고 불렸을까?

"새야 새야 파랑새야, 녹두꽃에 앉지 마라, 녹두꽃이 떨어지면 청포 장수 울고 간다"라는 민요 속 '녹두'는 동학농민운동과 전봉준을 상징하는 표현이라고 전해집니다. 그런데 민요 속 파랑새는 무엇을 상징하며, 전봉준은 왜 녹두 장군으로 불리며 활약하게 됐을까요?

주제의 질문에 대답하기 위해선 1894년에 발생한 **동학농민운동**의 배경과 역사를 알아야 합니다. 1876년 개항 이후, 조선 정부는 갑오개혁, 을미개혁, 대한제국 수립으로 이어지는 개화 정책을 적극 추진했습니다. 그런데 기구를 운영할 관료가 부족했고, 재정 조달도 제대로 이루어지지 못했기 때문에 제대로 운영되지 못했습니다. 특히 정부는 근대화 사업에 필요한 자금을 마련하고자 세금을 늘리는 데 주력했는데, 조세 상납이 밀리면서 세입도 만성적으로 부족해졌습니다. 이로 인해 농민들의 세금 부담은 더욱 커졌으며, 개항 후에는 조선 정부의 외교 경험 부족과 일본의 강압 속에서 불평등한 조약을 체결한 탓에 일본 상인들이 조선 농민들의 곡물을 싸게 사들여 폭리를 취할 수 있는 환경을 초래되었습니다. 이로 인해 쌀값이 폭등하고 토착 수공업이 무너지면서 조선 민중의 삶은 나날이 어려워졌습니다.

결국 세금 제도의 문란과 외세 침투가 심해지던 시기인 1860년 **동학**東學이 창시되고, 농민들을 중심으로 빠르게 퍼져 나갔습니다. 당시 동학은 "사람이 곧 하늘"이라는 인내천 사상을 도입한 덕분에 농민들의 호응을 얻었습니다. 그러나 동학의 급격한 교세 확장에 당황한 조선 정부가 1864년 1대 교주 최제우를 처형하면서 일시적으로 위축되었습니다. 하지만 개항 이후 2대 교주 최시형이 적극적인 포교 활동을 펼치면서 동학은 다시 세력을 확장하기 시작했습니다.

그러던 중 1894년 1월, 고부 군수 조병갑의 부정과 횡포가 심해

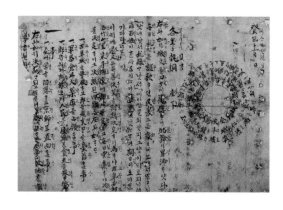

전봉준을 비롯한 동학 간부 20여 명이 고부성을 격파할 것을 결의한 격문.
주모자가 드러나지 않도록 참가자 명단을 원 모양으로 적었다.

지자, 동학 고부 지방 조직의 우두머리 전봉준이 분노한 이들을 이끌고 관아를 습격해 곡식을 농민들에게 나누어 주었습니다. 소식을 들은 조선 정부는 조병갑을 파면하고 새 군수 박원명을 임명하여 농민들을 회유해 해산시켰지만 이후 봉기를 조사하러 온 안핵사 이용태가 모든 책임을 동학 농민에게 돌리고 봉기의 참가자와 주모자를 가혹하게 처벌하면서 농민들의 반발을 샀습니다.

이에 전봉준은 그해 3월 다시 고부를 점령하고 백산에 세력을 집결했습니다. 이때 농민군은 의거의 배경과 목적을 명확히 밝히는 글을 발표했는데, 그것이 바로 1894년 3월 20일 무장에서 반포한 약 400자 분량의 포고문인 이른바 「무장포고문茂長布告文」입니다.

> 사람이 세상에서 가장 귀한 것은 인륜이 있기 때문이다. 군신과 부자의 관계는 가장 큰 인륜이다. 임금이 어질고 신하가 충직하며, 아버지가 자애롭고 아들이 효성스러워야 가정과 국가가 이루어지고 끝없는 복이 미칠 수 있다. [중략] 그러나 오늘날 신하들은 벼슬자리만 탐내며 총명을 가리고 있다. [중략] 우리들은 비록 초야의 유민이지만 임금의 땅에서 농사지어 먹고 임금이 준 옷을 입고 살고 있으니 국가의 위망을 보고만 있을 수 없어서, [중략] 지금의 의義의 깃발을 치켜들고 보국안민을 생사의 맹세로 삼았다.
>
> – 「무장포고문茂長布告文」(현대어 편역)

연구자 배항섭의 지적처럼, 근대 이전의 민중운동에서 '반란'을 시작하며 이처럼 명확하게 자신들의 의도를 밝힌 사례는 세계사적으로도 매우 드뭅니다. 민란은 대부분 소규모 저항에서 점차 대규모 투쟁으로 발전하거나, 지도부가 있더라도 「무장포고문」처럼 자신들의 뜻을 공식적으로 천명한 경우는 거의 없습니다.

　동학농민군은 전주성까지 파죽지세로 점령했지만, 당황한 조선 정부가 청에 구원을 요청하며 상황이 급변했습니다. 청군이 파견되자 바로 다음 날인 5월 6일, 일본은 텐진조약을 근거로 자신들도 청과 동등한 파병권이 있다며 제물포에 상륙했습니다.

　전쟁을 우려한 지도부는 정부와 「폐정개혁안」에 합의하고 농민군을 해산했습니다. 하지만 일본은 청군을 선제공격하여 청일전쟁을 일으키고 경복궁을 점령했고, 이에 동학군이 다시 봉기했으나 일본군과 관군의 화력에 밀려 패배하면서 전봉준은 체포되고 말았습니다.

이러한 동학농민운동의 역사를 배경으로 하고 있는 "새야 새야 파랑새야" 민요의 해석에는 여러 설이 있습니다. 동학농민운동의 실패를 노래했다는 설, 단순히 새를 쫓던 민요였다는 설이 있고, 민요 속 '파랑새'는 일본군을, '청포 장수'는 동학도와 민중을 상징한다고도 합니다. 한편 전봉준이 '녹두 장군'으로 불린 것은 키가 작았기 때문이라고 합니다.

또 다른 해석도 있습니다. 식민지 시기 『신문학사』의 저자 임화는 '파랑새'가 전봉준의 성인 '전全'을 분해한 '팔八'과 '왕王'에서 비롯됐다고 봤습니다. '팔왕'을 빨리 발음하면 '파왕' '파랑'이 되어 전봉준 자체를 의미한다는 것입니다.

이처럼 동학농민운동과 민요에 대한 해석이 다양하다는 것은, 그만큼 동학농민운동과 전봉준에 대한 사람들의 기억과 기대가 컸음을 보여 줍니다. 즉, '녹두 장군'이라는 애칭과 민요의 전승은 동학농민운동과 전봉준에 대한 역사적 기억이 켜켜이 쌓인 결과라고 할 수 있습니다.

32

일제강점기에 우리나라가
일본에 선전포고를 했다고?

    흔히 일제강점기를 떠올리면 한민족이 일방적으로 억압당한 시기라고 생각하기 쉽습니다. 하지만 이런 억압의 시기에도 대한민국임시정부는 연합국의 일원으로서 제2차 세계대전에 참전했으며, 일본에 전쟁을 공식 선언하는 등 독립을 위한 저항을 이어갔습니다. 더욱 주목할 만한 사실은 일본뿐 아니라 독일에도 선전포고를 했다는 점입니다. 그리고 이러한 역사적인 전쟁 선언의 중심에는 대한민국임시정부가 창설한 정규군인 **한국광복군**韓國光復軍이 있었습니다.

    1937년 7월 일제의 중국 침략이 본격화되면서 중국의 독립운동 단체들은 새로운 전략으로 독립운동을 전개해야 했습니다. 이에 1939년 중국 충칭重慶에 정착한 대한민국임시정부는 한중 연합과 광복군 창설 문제를 적극적으로 논의했고, 한국국민당, 조선혁명당,

한국독립당 등 3개 정당을 한국독립당으로 통합하여 광복군 창설을 추진했습니다. 이러한 정규군 형태의 독립군 창설은 기존의 유격전이나 단발적 무장투쟁의 한계를 극복하고, 보다 체계적이고 전투력 있는 독립운동을 가능하게 했다는 점에서 큰 의의가 있습니다.

그러나 '군'의 창설은 새로운 과제들을 동반했습니다. 한반도가 아닌 중국에서, 더구나 일본과 전쟁 중이던 나라에서 군대를 창설하기 위해서는 중국 정부와의 긴밀한 교섭과 협조가 필수적이었습니다. 이외에도 주둔 지역 확보, 군인 충원, 군 운영을 위한 재정문제 등 한국광복군이 해결해야 할 과제들이 산적해 있었습니다.

이러한 상황에서 김구는 「한국광복군편련계획대강」을 마련하여 1940년 5월 1일 중국 측에 제출했습니다. 이 훈련대강에서는 광복군을 편성하여 일본 토벌을 위한 한중 연합작전을 펼칠 것임을 강조했고, 그해 9월 15일에는 한국광복군 선언문을 발표했습니다. 이

어서 9월 17일, 마침내 대한민국임시정부의 정규군, 한국광복군 창설이 공식 발표되었습니다.

대한민국임시정부는 대한민국 원년에 정부가 공포한 군사조직법에 의거하여 중화민국 총통 장개석 원수의 특별 허락으로 중화민국 영토 내에서 광복군을 조직하고 대한민국 22년 9월 17일 한국광복군 총사령부를 창설함을 이에 선언한다. 한국광복군은 중화민국 국민과 합작하여 우리 두 나라의 독립을 회복하고자 공동의 적인 일본 제국주의자들을 타도하기 위하여 연합군의 일원으로 항전을 계속한다. [중략] 영광스러운 중화민국의 항전이 4개년에 도달한 이때 우리는 큰 희망을 가지고 우리 조국의 독립을 위하여 우리의 전투력을 강화할 시기에 왔다고 확신한다.

– 『대한민국임시정부자료집』 10권, 한국광복군 선언문(1940. 9. 15.)

1941년 12월 초, 일본의 진주만 기습 공격으로 태평양전쟁이 발발하자, 대한민국임시정부는 이를 독립 쟁취의 결정적 기회로 판단했습니다. 12월 10일 주석 김구와 외무부장 조소앙의 명의로 대일선전성명서를 발표했고, 이어서 독일에도 선전을 포고함으로써 연합국의 일원으로서 제2차세계대전 참전 의지를 분명히 했습니다.

그러나 중국은 여전히 임시정부 승인 문제와 연계하여 한국광복군의 역할을 제한했습니다. 1941년 11월, 한국광복군이 중국군사위원회에 예속되면서 군대 운영에 관한 '9개 준승'이라는 조건하에 재정지원을 받게 되었지만, 이로 인해 한국광복군과 대한민국 임시정부의 자주성이 크게 훼손되었습니다. 이에 임시정부는 현실적 상황을 인정하면서도 '9개 준승' 폐지를 중국 측에 지속적으로 요구했고, 마침내 1945년 초에 이를 관철시켜 한국광복군의 독자성을 확보할 수 있었습니다.

이처럼 국가 없는 민족이 타국에서 군을 창설하는 일은 매우 어려운 과제였습니다. 한국광복군은 조선의용군, 동북항일연군과 마찬가지로 중국과의 관계에서 자유롭지 못했고 해외에서 활동할 수밖에 없는 '디아스포라(diaspora)'적 한계도 있었습니다. 해외 이주민 공동

체를 뜻하는 디아스포라들은 그들이 이주한 각 지역과 나라의 정치와 사회, 그리고 문화적 영향을 받을 수밖에 없었습니다. 특히나 국가 간의 전쟁 시기에는 이주 한인들과 한국광복군 또한 그 영향을 크게 받아야 했습니다. 그럼에도 한국광복군이 정규군으로서 체계적인 독립운동을 이끌었다는 점에서 역사적 의의가 매우 큽니다.

어쨌든 선전포고 이후 한국광복군은 연합군의 일원으로서 다양한 항일활동을 전개했습니다. 미국 OSS와 협력하여 국내 침투 작전을 준비했고, 버마(미얀마)와 인도 전선에서 연합군을 지원하는 등 폭넓은 활동을 펼쳤습니다. 비록 규모는 크지 않았지만, 한국광복군의 존재로 인해 임시정부는 일본에 당당히 선전포고를 할 수 있었고, 이는 우리가 단순한 독립운동 세력이 아닌 주권국가로서 일본과 독일에 맞서 싸웠다는 역사적 증거가 되었습니다.

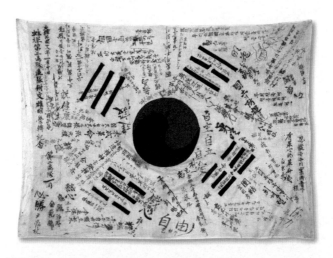

한국광복군 서명문 태극기. 결의를 다지는 글귀와 서명이 빼곡하게 적혀 있다.
©문화재청

5부

한 번쯤은 궁금했던
근현대 생활 이야기

33

자유연애는
언제부터 시작되었을까?

옛날 한국 사회에서는 중매를 통해 이루어지는 결혼이 일반적이었습니다. 가문 간의 결합이라는 전통적 가치관과 유교적 사회 규범이 혼인의 중심이었기 때문입니다. 따라서 남녀 간의 만남은 개인보다는 가족의 이익과 집안 간의 관계를 중시하는 방식으로 이루어졌습니다. 그러나 이러한 방식은 시간이 지나면서 점차 변화를 맞이하게 되는데, 연애는 언제부터 결혼과 분리된 형태로 자리 잡았을까요?

일단 한국에서 연인 간의 사랑을 뜻하는 '연애'라는 단어와 개념은 근대에 서구식 개념이 들어오면서 Love라는 단어와 함께 등장했습니다. 물론 근대 이전에도 남녀 간의 애정 이야기는 존재해 왔지만, 부부 이외의 남녀 관계가 사회적으로 인정받고 공인된 관습으로 포함된 것은 근대 이후로 봐야 합니다.

　그렇기에 '연애'나 '사랑'이라는 단어는 1910년대 중반까지도 낯선 말이었습니다. 이는 19세기 다른 동아시아 국가들에서도 마찬가지였는데, '연애戀愛'라는 한자어는 1847년경 중국의 선교사 월터 헨리 메드허스트Walter Henry Medhurst가 『영화사전英華事典』에서 Love를 연애라고 번역한 것이 최초의 용례이고, 그전까지 Love는 '애정愛情' '총寵' '인仁' 등으로 번역되었습니다. 그런데 '애정' '총' '인'은 우리가 아는 '연애'나 '사랑'의 개념과는 많이 다릅니다. '애정'은 전반적인 인간관계에서 느끼는 포괄적인 사랑을 뜻하고, '총'은 누군가를 특별히 귀히 여기며 돌보는 보호적 성격의 사랑을 의미합니다. 그리고 '인'은 유교적 미덕에서 비롯된 인간다움과 자비를 강조한 개념으로, Love를 이렇게 번역했다는 건 Love를 단순한 감정으로만 이해하지 않고, 다양한 맥락에서 새롭게 해석하고 적용하려고 했던 모습을 보여 줍니다.

　어쨌든 자유연애 사상이 대중화된 것은 비교적 최근의 일입니다.

1900년대 한국에서 '자유결혼'을 역설하는 목소리가 나오기는 했지만, 이는 가문 간의 정혼이나 문벌혼, 조혼을 반대하고 학식과 인격에 따른 결혼을 옹호하는 것일 뿐, 오늘날의 사랑이나 연애를 의미하지는 않았습니다.

자유연애 사상은 1920년대에 이르러 소설을 통해 본격적으로 퍼지기 시작했는데, 연애를 소재로 한 작품들이 대중적 인기를 끌면서 점차 하나의 문화적 상품으로 자리 잡았고, 사상을 널리 퍼지게 하는 계기가 되었습니다. 제1차세계대전 이후 한국에 들어온 '자유연애의 선구자' 엘렌 케이Ellen Key의 철학 또한 자유연애 사상의 대중화에 기여했습니다. 엘렌 케이는 '사랑'을 최상의 원리로 강조하며, 사랑은 개인뿐 아니라 국가의 근본적인 동력이므로 '자유결혼'은 물론 '자유이혼'까지 보장되어야 한다고 주장했습니다. 이는 당시 젊은 세대와 지식인들 사이에서 큰 반향을 일으켰습니다.

정리하자면 연애가 결혼과 분리된 독립적인 형태로 자리 잡기 시작한 것은 근대 이후의 일이며, 이는 서구식 연애 개념과 자유연애 사상의 도입이 중요한 역할을 했습니다. 오늘날 우리가 당연하게 여기는 연애의 개념이 단순한 감정을 넘어 다양한 사회적, 문화적 과정을 거쳐 형성되었다는 점이 흥미롭습니다.

이제는 우리 조선도 자유연애 시대!

모던걸과 모던뽀이는 라부를 하지요.

34

트로트는 어디서
기원했을까?

2019년 〈미스트롯〉과 이듬해인 2020년 〈미스터트롯〉이 엄청난 인기를 끌며 트로트 열풍이 불고 있습니다. 그런데 한국의 트로트 문화는 어떻게 시작되었을까요? 일각에서는 트로트가 일본 문화나 생활양식을 띠는 '일본풍'이라고 비판하던데, 정말 트로트는 일본의 영향으로 만들어진 문화일까요?

주제의 질문에 대답하기 위해선 근대 직전 한국 노래 문화의 흐름을 알아야 합니다. 우리가 잘 아는 판소리의 경우, 18세기 초에 생겨나 18세기 중엽에 대체적인 형태가 완성되었습니다. 이후 19세기에는 우춘대, 권삼득 등 '명창'이라 불리던 이름난 소리꾼들이 등장했고, 이 시기 판소리는 궁중에서도 즐기는 음악이 되었습니다. 잘 알려진 사례로 홍선대원군, 고종과 명성황후도 궁에 명창들을 불러

노래를 즐겼다고 하며, 노래를 잘해 벼슬을 받은 사람들도 많았습니다.

그러다 개항 이후 조선에 서양음악이 들어오기 시작하면서 전통음악과는 전혀 다른 새로운 노래가 등장했습니다. 이러한 서양식 노래를 창가唱歌라 불렀는데, 최초의 창가는 1880년대 중반부터 설립되던 교회에서 부르던 찬송가였습니다. 이후 근대식 학교교육이 확산되면서 서양식 음악도 빠르게 퍼져 나갔고, 학교에서는 창가를 정규과목으로 가르치며 창가 형태의 애국가나 교가를 만들어 부르게 했습니다.

그렇지만 1920년대까지도 창가보다 대중의 사랑을 더 많이 받은 것은 판소리, 민요, 잡가 등 우리가 전통적으로 즐기던 노래들로 당시 조선에서 판매된 유성기 음반은 대부분이 판소리나 민요, 잡가였다고 합니다. 그러다 1930년대에 들어서면서 일본이나 서양의 근대음악 영향을 받은 새로운 유행가들이 인기를 끌기 시작했지만, 판소리와 잡가는 여전히 음반 시장에서 큰 비중을 차지했습니다. 이를 방증하듯 판소리 명창들이 음반 발매를 통해 전국적인 명성을 얻어 이전보다 더 큰 인기를 누리기도 했을 정도로, 전통음악은 여전히 조선에서 큰 사랑을 받고 있었습니다.

한편 이 시기에 교회의 찬송가나 학교에서 배우는 창가와는 다른, 근대음악의 악기와 기법을 도입한 새로운 가요들이 등장했습니다. 대중이 듣기 쉽고 따라 부르기 쉽게 만든 이런 노래들을 당시 '유행가'라고 불렀는데, 이는 서구 음악을 번안한 일본 대중가요의 영향을 크게 받은 것이었습니다.

그리고 1920년대부터는 일본 가요들이 조선에 그대로 유통되기도 했으며, 일본에서 인기 있었던 유행가를 번안해 부르는 노래들도 점차 등장하기 시작했습니다. 이러한 번안곡은 대중 사이에서

이번 곡은 궁이 님이
신청해 주신 채규엽의 신곡입니다~

일본 콜롬비아(Columbia) 레코드에서
제작된 채규엽의 음반.
A면에 <술은 눈물일가 한숨이랄가>가
수록되어 있다.
ⓒ국립민속박물관 소장

큰 관심을 받으며 점차 조선의 대중음악 문화에 자리 잡았습니다.
예를 들어, 1931년 가수 채규엽은 일본 가수 고가 마사오古賀政男의
노래 〈酒は涙か溜息か〉를 '술은 눈물일가 한숨이랄가'로 번안해 조
선에서 발표했는데, 이 노래는 단순히 일본 음악을 소개하는 데 그
치지 않고 조선 대중의 정서에 맞게 변형되어 폭넓은 인기를 끌었
습니다.

이렇듯 이 시기에 해외 음악의 영향을 받아 자연스럽게 비슷한
곡조와 리듬을 가진 노래들이 탄생했고, 대중의 폭넓은 사랑을 받
으며 점차 독립적인 장르로 자리 잡아 갔습니다. 당시에는 '트로트'
라는 명칭이 일반적으로 사용되지는 않았지만, 이 시기의 노래들이
오늘날 우리가 알고 있는 트로트의 원형으로 추정됩니다.

정리하자면, 서구 음악의 영향을 받은 일본 대중음악과 조선에서 전통적으로 이어져 온 대중음악이 융합되면서 새로운 형태의 유행가가 만들어졌고, 이러한 유행가들은 조선 대중음악계에서 주류로 자리 잡았습니다. 이것이 현재 우리가 트로트라 부르는 장르의 기원이자 형성 배경이라는 점에 대해 학계에서는 대체로 동의하고 있습니다.

즉, 트로트는 전통적 창법과 서구와 일본에서 유입된 창법, 그리고 새로운 음악 형식이 공존하며 상호 영향을 주고받은 결과로 형성된 음악입니다. 그러나 오늘날 전 세계적으로 사랑받는 'K컬처'의 인기 비결도 이와 맥락을 같이합니다. 이들 문화콘텐츠는 단순히 단일하고 고유한 한국 문화에 기반한 것이 아니라, 다양한 문화가 혼합되고 그로부터 새로운 창조가 이루어진 결과물입니다. 우리의 트로트 또한 단순한 일본풍이 아닌, 문화적 융합의 산물이라 할 수 있겠습니다.

35

해외에 있는 우리 문화재를
왜 돌려받기 어려운 걸까?

　해외로 반출되거나 약탈당한 우리 문화재는 2020년에 파악된 것만 해도 20만여 점이 넘습니다. 2019년 기준 국립중앙박물관의 전시 유물이 1만여 점에 불과하다는 점을 고려할 때 이는 엄청난 숫자입니다. 한편 2000년대에 방영된 인기 프로그램 〈느낌표〉에서는 '위대한 유산 74434'라는 코너를 통해 해외 반출 문화재 문제를 다뤘는데, 코너명에 사용된 74434는 당시 파악된 반출 문화재의 숫자를 의미했습니다. 즉 파악된 반출 문화재가 20여 년 만에 3배 가까이 늘었다는 것이고, 앞으로도 그 수가 계속 늘어날 수 있음을 시사합니다.

　그런데 근대 시기 제국주의 광풍 속에서 벌어진 문화재 유출은 한국만의 문제가 아닙니다. 오늘날 영국, 프랑스 등 옛 제국 국가들의 박물관에는 고대 이집트의 미라와 거대한 석상들, 파르테논신전의 대리석 조각들, 그리스 조각품, 모아이 석상 등 다른 나라의 문화재들이 많이 전시되어 있습니다. 오늘날에는 문화재 환수에 관한 관심이 높아지고 약탈당한 많은 나라들도 자국 문화재를 돌려 달라고 요구하고 있는데, 과거 제국주의 국가들은 무엇을 근거로 문화재를 돌려주지 않는 걸까요?

제2차세계대전이 끝난 후 문화재 환수 문제는 본격적으로 국제사회의 쟁점으로 떠올랐습니다. 전쟁 이후 국제관계가 새로 정립되고 여러 신생 독립국이 등장하면서, 문화재 환수는 각 국가 내부는 물론 국가 간 외교에서도 중요한 사안으로 떠오른 것입니다.

특히 새로운 국가들이 '국민국가'를 만들어 가는 과정에서 문화재는 국가 정통성을 세우고 국민을 통합하는 데 핵심적인 역할을 했습니다. 이에 각국은 잃어버린 문화재를 되찾기 위해 적극적으로

나섰고, 과거 식민 경험을 가진 한국 역시 예외는 아니었습니다.

그러나 문화재 반환 문제는 여전히 서구 중심의 세계질서가 다른 방식으로 이어지고 있음을 보여 줍니다. 문화재 반환 문제를 해결하기 위해 유네스코가 국제협약을 마련했지만, 이 협약은 문화재를 빼앗긴 원산국의 입장을 반영한 것처럼 보이면서도 실효성에서 여러 한계를 드러냈습니다. 가장 큰 문제는 이 협약이 유네스코에 가입한 국가들에만 적용되며, 법이 발표된 이후의 사건에만 효력을 가진다는 점입니다. 즉 과거에 이루어진 문화재 약탈에 소급 적용되지 않는다는 근본적인 한계가 있었습니다. 이러한 이유로 영국, 프랑스, 독일, 벨기에, 러시아, 미국, 일본 등 주요 국가들은 여전히 자신들의 정당한 소유권을 주장하며 문화재 원산국들의 반환 요청을 거부하고 있습니다.

또한 거칠게 정리해서, 문화재 환수와 보존에 대한 시각은 **문화민**

족주의와 **문화국제주의**의 시각에서 대립하고 있습니다. 문화민족주의는 문화재가 가진 민족 고유의 문화적 가치와, 본래 환경에서 비롯되는 역사적 가치를 중요하게 여깁니다. 반면 문화국제주의는 문화재를 특정 국가의 소유물이 아닌 인류 공동의 문화유산으로 보고, 이러한 문화적 가치를 국제적 차원에서 보호해야 한다고 주장합니다. 오늘날에는 문화재 환수 문제를 둘러싸고 이 두 입장이 첨예하게 대립하고 있습니다.

이러한 대립을 넘어선 대안도 제시되고 있습니다. 가령 문화재의 '소유'에만 초점을 두는 대신, 문화재의 대여나 순환 전시, 디지털 전시 등 소유권 문제를 넘어선 새로운 전시 방식이 대안으로 나오고 있습니다. 현재 한국에 장기 임대 형식으로 들어와 있는 프랑스 외규장각 의궤가 대표적인 사례입니다.

한편 최근에는 문화재 반환을 요구하는 국가들이 국제사회에서

좀 더 현실적인 설득력을 갖추기 위해서는 자국이 소장하고 있는 불법 유입 해외 문화재를 반환하는 노력도 병행해야 한다는 견해가 제기되고 있습니다. 한국의 경우 외국에서 유출된 문화재의 수는 많지 않지만, 일제강점기부터 보유하고 있던 국립중앙박물관의 오타니 컬렉션이라는 중앙아시아 유물의 반환 필요성을 주장하는 목소리도 나오고 있습니다.

이렇듯 문화재 반환 문제는 단순히 원래 국가에 돌려주면 된다는 간단한 해결책으로 끝나지 않습니다. 정치적, 법률적, 윤리적 문제가 복잡하게 얽혀 있어, 국제적 합의와 세심한 접근이 필요합니다.

외규장각 의궤 중, 왕이 보는 '어람용' 의궤인『장렬왕후존숭도감의궤』(좌)와
『인원왕후명릉산릉도감의궤』(우) ⓒ국립중앙박물관 소장

한국이 보유하고 있는 유출 물화재, 오타니 컬렉션

오타니 컬렉션은 20세기 초 일본인 오타니 고즈이大谷光瑞가 이끈 중앙아시아 탐험대가 1902년부터 1914년까지 세 차례에 걸쳐 중앙아시아에서 헐값에 사들이거나 발굴이라는 명목으로 반출한 문화재들을 말합니다. 이후 이 유물들은 여러 경로를 거쳐 일본의 광산 재벌 구하라 후사노스케久原房之助에게 넘어갔고, 그가 당시 조선 총독 데라우치 마사다케寺內正毅에게 기증 형식으로 전달하면서 조선으로 옮겨졌습니다.

1916년부터 유물 360여 건 1500여 점은 경복궁 수정전에 보관되었고, 1945년 해방 이후 일제가 이를 일본으로 가져가지 못하면서 국립중앙박물관이 소장하게 되었습니다. 이것이 바로 오타니 컬렉션입니다.

오타니 컬렉션 중, 아스타나 무덤에서 발견된 그림(좌)과,
투르판 무르투크에서 출토된 8~9세기 여인상(우) ©국립중앙박물관 소장

그러나 이 유물들을 국립박물관에 전시하는 것이 적절한지에 대한 논란이 이어지고 있습니다. 약탈 문화재의 피해 당사자인 한국이 이를 해당 국가나 지역에 반환해야 한다는 주장과, 반환에 앞서 현지에서 문화재를 제대로 보존하고 관리할 수 있는지 여부와 중앙아시아의 유물이 현재는 중국에 귀속된다는 점 등 여러 변수를 고려해야 한다고 지적합니다.

이렇듯 문화재 환수와 반환 문제는 제국주의와 식민지 시기부터 이어져 온 국제사회의 정치적 이해관계, 문화재의 보존 및 가치 논쟁까지 얽힌 복잡한 사안이라고 할 수 있습니다.

36

한국 최초의 만화는
무엇일까?

스마트폰의 보급 이후, 인터넷을 통해 서비스되는 만화인 웹툰은 일상적인 취미로 자리 잡았습니다. 웹툰이 대중화되기 전에도 만화는 신문, 만화책방, 서점을 통해 유통되며 많은 사랑을 받아 왔는데, 그렇다면 만화라는 장르는 언제부터 우리 곁에 자리하게 되었을까요? 또한 한국 최초의 만화는 무엇일까요?

만화가 본격적으로 자리 잡기 시작한 시기는 근대로, 신문과 대중 잡지 같은 인쇄매체의 발달과 깊은 관련이 있습니다. 특히 동아시아에서는 서양에서 수입된 풍자화가 큰 영향을 미쳤는데, 풍자화는 사회의 다양한 문제를 비판하는 특징을 가지고 있습니다. 풍자화의 속성을 지닌 '카툰cartoon' 형식이 동아시아에 뿌리내리면서 만화라는 새로운 장르가 등장하게 되었습니다.

일본의 경우 잡지《저팬펀치Japan Punch》를 통해 카툰 형식이 본격적으로 소개되었습니다.《저팬펀치》는 일본에 머물던 잡지사 특파원 찰스 워그먼Charles Wirgman이 1862년 요코하마 외국인 거류지에서 창간한 잡지로, 세계 최초의 만화 잡지로 알려진 영국의《펀치Punch》를 본떠 만들어졌습니다.《저팬펀치》는 서구 카툰 형식이 동아시아에 전래된 시작점이자 일본 만화의 효시라고 평가됩니다.

중국의 경우 아편전쟁과 청일전쟁을 거치며 혼란스러운 시기에 새로운 문명과 접촉했고, 청나라 말기에는 대중적인 언론이 등장하면서 풍자만화가 태동하기 시작했습니다. 중국 최초의 만화로 알려진 〈시국도時局圖〉는 1898년 사찬태謝贊泰가 그린 시사만화로, 홍콩 보인문사에서 발행한 신문의 만화 게재란에 처음 실렸습니다.

《저팬펀치》(좌)와 〈시국도〉(우).

한국에도 만화의 용어와 형태, 문법 등이 20세기 초 일본과 서구 제국으로부터 조금씩 유입되었고, 언론과 인쇄술의 발전에 힘입어 빠르게 확산되었습니다. '최초의 한국 만화'라고 불리는 작품은 《대한민보》 창간호에 실린 이도영李道榮의 만평입니다.

1909년 6월 창간호 1면에 게재된 이 만평에는 서양식 정장을 입은 남성이 등장하며, '대한민보'의 앞 글자를 따 사행시 형식으로 신문의 창간 정신을 읊고 있습니다. 각 행은 '대국의 간형', '한혼의 단취', '민성의 기관', '보도의 이채'로 구성되어 있으며, 이를 풀어쓰면 '정세를 정성으로 저울질하고', '민족을 단결하게 하며', '백성의 소리를 듣는', '기관 보도의 새로움'이라는 뜻입니다. 흥미로운 점은 오늘날 만화에서 흔히 사용하는 말풍선 대신, 이 만평에서는 인물의 입에서 뻗어 나오는 지시선을 통해 대사를 표시했다는 점입니다.

《대한민보》 창간호 만평

《대한민보》는 1년 동안 발행된 부수가 6200부를 넘어서며, 당시 유명했던《황성신문》과《제국신문》의 두 배 이상을 기록할 정도로 큰 인기를 끌었습니다. 그러나 의병 전쟁과 이토 히로부미 암살 같은 굵직한 사건들이 이어지며 시국은 점차 냉혹해졌고, 언론 탄압도 갈수록 심해졌습니다. 이도영의 만화 역시 이러한 탄압을 피해 갈 수 없었습니다. 1909년 8월 12일 자《대한민보》에 실린 만평이 삭제된 것을 시작으로, 1910년 5월 이후 네 번이나 만화가 삭제됐을 정도였습니다.

이후 한국인이 발간하는 신문에서 신문 만화는 한동안 자취를 감추었다가, 1920년대에 들어 다시 등장했습니다. 당시 신문들은 독자 투고를 통해 한 칸짜리 시사·풍자 만화를 신문 1면에 실었습니다. 그리고 1920년대 중반에는 신문들이 네 컷 연재 만화를 게재하며 대중지로의 변화를 꾀하는 동시에 판매 부수를 늘리기 위한 치열한 경쟁을 벌였습니다.

네 컷 만화는 독자가 대리 체험과 자기 동일시를 통해 즐길 수 있는 상업적이고 대중적인 최신 신문 연재 방식이었습니다. 1895년 2월, 미국에서 최초로 연재된 '노란 꼬마The Yellow Kid'는 선풍적인 인기를 끌며 네 컷 만화의 가능성을 보여 주었고, 일본에서도 1922년 11월에 네 컷 만화 〈논키나토상ノンキナトウサン〉이 등장해 판매 부수에 영향을 미칠 정도로 큰 영향력을 발휘했습니다.

한국에서는 1924년 10월 연재를 시작해 1927년 9월에 막을 내린 〈멍텅구리〉가 대표적 사례로 꼽힙니다. 경성을 배경으로 하는 '멍텅구리'는 주인공 최멍텅(멍텅구리)과 그의 애인이자 아내인 신옥매, 그리고 친구 윤바람 등 개성 있는 캐릭터들이 등장했습니다. 연애와 부부 중심의 가정생활을 소재로 삼은 이 만화는 당대 독자들에게 큰 공감을 얻었으며, 다른 연재 만화들이 6개월도 채우지 못하고 단명한 것과 달리, 독자들의 꾸준한 사랑을 받으며 높은 인기를 유지했습니다.

37

여름 납량 특집은
어떻게 시작되었을까?

매년 날씨가 더워지기 시작하는 여름에는 TV, 라디오, 신문, 잡지는 물론, 최근에는 웹툰과 웹예능 등에서 어김없이 납량 특집을 진행합니다. '납량納涼'이란 "여름철에 더위를 피해 서늘한 기운을 느낀다"라는 뜻으로, 1930년대 일제강점기부터 괴담에 대한 대중의 관심이 높아지면서 신문, 잡지, 라디오 등에서 유행하기 시작했습니다. 그렇다면 여름 납량 특집은 어떻게 보편적인 문화로 자리 잡았을까요? 그리고 한국의 전통적인 '처녀 귀신'과 같은 귀신들의 모습은 어떻게 정착되었을까요?

개항 이후 조선은 여러 차례의 전쟁과 의병 투쟁, 국권 침탈과 식민지화를 겪으며 큰 혼란을 겪었습니다. 혼란의 시기에는 여러 괴소문이 떠돌기 마련이고, 사람들은 불안에 떨곤 했습니다. 그런

5부 한 번쯤은 궁금했던 근현대 생활 이야기   **235**

데 언제부터인지 이러한 불안도 '취미화'되는 경향이 나타납니다. 1920년대부터 유행하기 시작하여 1930년대 장르로 자리 잡은 '괴담'이 흥미로운 이야깃거리로 변모한 것입니다. 당시 이런 현상을 두고 사람들이 "김빠진 연애소설보다도, 노파들의 입에서 나오는 신화 괴담에 귀를 기울이게 되었다"라는 평가가 나오기도 합니다.

이러한 변화에는 1920년대 후반부터 일본에서 유행하기 시작했던 '에로그로난센스エログロナンセンス' 문화의 영향이 큽니다. 각각 '에로틱(선정적)' '그로테스크(엽기적)' '난센스(우스움)'를 뜻하는 일본 쇼와시대 초기의 퇴폐주의 풍조인 '에로그로난센스' 문화가 한국에 유입되면서, 한국에서도 기존의 장르에서 벗어난 탐정소설이나 괴담 같은 작품들이 유행하기 시작했습니다. 특히 1920년대에는 '연애담'이 대중적인 인기를 누리고 있었는데, 이 연애담에 등장하는 강렬한 애착과 집념, 그리고 그 안에 숨어 있는 잔인함과 잔혹함을

이야기로 만들어 문화 상품으로 발전시킨 것입니다.

1930년대에 들어서면서 귀신과 도깨비 이야기는 더 큰 변화를 맞이합니다. 초반에는 단순히 흥미로운 이야기로 여겨졌던 괴담이 1930년대 중반부터는 신문과 잡지에서 여름철 더위를 식혀 주는 납량물로 기획된 것입니다. 주목할 만한 점은 조선 독자의 관심을 끌기 위해 등장한 '여성 귀신'의 모습이 한국 공포물의 전형적인 이미지로 자리 잡게 되었다는 것입니다.

이 과정에서 괴담의 성격도 크게 바뀌었습니다. 근대 이전의 야담집이나 전래 귀신, 도깨비 이야기, 민간 설화 속 괴담들이 신비하고 초현실적인 성격이 강했다면, 1930년대의 괴담은 미지의 대상에 대한 불안과 공포를 강조하는 이야기로 변화했습니다.

그리고 공포물을 표현하는 방식도 크게 달라졌습니다. 이 시기부터는 삽화가 함께 실리기 시작하면서, 괴담을 더 이상 글로만 묘사

하지 않고 그림을 통해 공포의 효과를 한층 더 강화했습니다. 가령 당시 대중적 인기를 누리던 흥미 위주의 잡지《조광》은 한여름 특집으로 '괴기 좌담회'를 열어 여성 귀신, 도깨비, 여우 등을 소재로 한 무서운 이야기들을 생생한 삽화와 함께 독자들에게 선보였습니다. '여성 귀신'의 모습도 괴담이 하나의 오락물로 자리 잡으면서 큰 변화를 겪었는데, 처음에는 생전 모습 그대로 묘사되던 '여성 귀신'이 점차 소복을 입고 머리를 흐트러뜨린 채 피를 흘리거나 무서운 눈초리를 한 모습으로 정형화되기 시작했습니다.

괴담의 인기가 높아지자 일부 지식인은 괴담을 현실에 근거하지 않은 허황된 이야기라며 비판하기도 했는데, 사람들이 일부러 무서운 이야기를 듣고 보는 상황을 이해하지 못했던 것입니다. 하지만

1936년 6월 25일 《매일신보》에 연재된 괴담의 삽화.
긴 머리를 풀어헤친 여자 귀신의 모습을 담았다.

이러한 비판에도 아랑곳없이 전설과 공포가 결합된 형태의 오락물은 점차 대중문화의 한 장르로 자리 잡아 갔고, "전설을 통해 공포를 전달한다"라는 한국 근대 공포물만의 독특한 장르적 관습이 형성되었습니다. 그렇게 1960년대에 방영된 라디오 방송극 〈전설 따라 삼천리〉를 시작으로, 여러 공포 영화를 거쳐 1970년대 텔레비전 드라마 〈전설의 고향〉으로 이어졌고, 이들은 모두 오래전부터 전해 내려오던 귀신 이야기를 '전설'이라는 형식을 빌려 새롭게 전달했다는 공통점이 있습니다. 1990년대에 다시 제작되어 방영된 〈전설의 고향〉 역시 한국적 공포물의 전통을 계승하고 발전시킨 대표적인 작품이었습니다.

38

유네스코 세계유산 등록은
정말 좋기만 한 일일까?

한 해에 한 차례씩 열리는 세계유산위원회 회의는 세계 각국에서 자국의 유산을 등록하려는 치열한 외교 경쟁의 장입니다. 물론 세계 문화유산 등재 여부가 문화유산의 가치를 판단하는 절대적인 기준이 될 수는 없지만, 자국의 문화유산이나 자연유산이 유네스코UNESCO 세계유산 목록에 등재되는 것은 국가적 자부심과 직결되곤 합니다. 또한 세계문화유산에 선정되면 해당 문화재와 지역에 대한 세계적 관심도 높아져 문화적 가치를 재조명받는 동시에 관광 수입이 증가하므로 세계문화유산 선정은 문화적·경제적으로도 큰 중요성을 가집니다. 그런데 세계문화유산에 선정되는 것이 항상 긍정적인 결과를 가져다줄까요? 그 역효과를 지적하는 목소리는 없을까요?

각국의 유네스코 등재 노력을 무조건 비판할 수는 없지만, 문화재

여기가
유네스코문화유산에
등재된 불국사구나!

보호라는 본래 목적보다 등재 자체에만 주력하는 경우 문제가 생길 수 있습니다. 유네스코 문화유산 등재는 원래 문화유산을 보호하고 전승하기 위한 수단이어야 하지만, 등재를 목표로 하는 과정에서 "문화 다양성을 보장하며 인류 문화의 발전을 도모한다"라는 유네스코의 이념이 희미해질 위험이 있습니다.

즉 등재라는 목표가 강조되다 보면 문화유산 보호의 본래 취지가 흐려지고, 국가 간 이해관계가 충돌하여 외교 갈등으로 번질 우려도 생깁니다. 대표적으로 2005년 한국의 '강릉단오제' 등재 과정에서 중국이 자신을 단오의 원류국이라 주장하며 반대했던 사례나, 2015년 일본과 한국 간 메이지 산업 시설 등재 과정에서 일제강점기 조선인 강제 동원 인정 여부를 둘러싼 갈등이 이러한 문제를 잘 보여 줍니다.

한편 유네스코 세계유산은 조직과 선정 자체의 문제뿐 아니라, 선정 이후 관광객 증가와 관리 부실로 인해 어려움을 겪는 사례도 많습니다. 유네스코는 보호 상태가 나빠지거나 파괴·훼손 정도가 심각해 위험한 상황에 처한 유산을 별도로 '위험 유산'으로 지정하고 있습니다. 이러한 지정 제도는 유산의 심각한 보존 위기를 국제적으로 알리고, 긴급히 보존 조치를 취할 필요가 있음을 강조하는 장치로, 탈레반에 의해 석불이 폭파된 아프가니스탄의 바미얀 불교문화 유적과 코소보의 중세 유적지 등 2024년 12월 기준 전 세계적으로 56건이 위험 유산으로 지정되어 있습니다. 이러한 유산들은 주로 전쟁, 댐 건설과 같은 대규모 토목공사, 관광객의 급증, 또는 급격한 도시화와 같은 사람이 만든 문제로 보존 위기에 처한 경우가 많습니다.

찰스 다윈이 진화론을 착안한 섬으로 유명한 갈라파고스도 그중 하나입니다. 이 섬은 1978년 최초의 세계자연유산으로 등재되었지

만, 이후 관광객 증가로 외래종이 유입되면서 고유 동식물 생태계가 큰 위협을 받게 되었고 결국 2007년에는 위험 유산으로 지정되기에 이르렀습니다. 이후 2010년에야 보존 노력을 통해 위험 유산 목록에서 벗어나기는 했지만, 현재도 정착 염소 문제와 엘니뇨로 인한 보존 문제가 지속적으로 발생하고 있습니다.

물론 문화유산 등재가 국제 연대의 장이 되기도 합니다. 가령 2015년도 5월, 한국을 포함한 중국, 일본, 타이완, 필리핀, 인도네시아, 네덜란드 등 8개국의 14개 시민단체가 일본군 '위안부' 기록물의 유네스코 공동 등재를 위한 국제연대위원회를 결성했습니다. 이후 약 1년 동안의 회의를 거쳐 2016년 5월 31일 「일본군 '위안부'의 목소리Voices of the 'Comfort Women'」라는 제목으로 관련 기록물 2744건을 유네스코 세계기록유산에 공동 등재 신청했습니다. 이는 역사수정주의나 한일 양국의 우익 세력에 대항하기 위해 각국 피해 시민단체가 협력한 국제 연대의 대표적인 사례입니다.

그러나 2017년 10월, 유네스코 국제자문위원회는 자료의 중요성을 인정하면서도 일본 측과의 대화를 전제로 자료 등재를 보류하기로 결정했습니다. 사실상 일본의 반대로 인해 등재가 실패한 사례로, 일본 정부의 분담금 문제와 외교적 압력이 작용했다는 해석이 있습니다. 이처럼 유네스코 문화유산의 등재와 미등재를 둘러싼 갈등은 그 정당성에도 불구하고, 결과적으로 국제정치의 힘의 논리나 정쟁으로 해석될 여지를 남기고 있습니다.

이렇듯, 인류 보편적 가치를 지닌 세계문화유산 지정이라는 본래의 취지보다는 홍보나 관광 증대 등 경제적 이익을 목적으로 활용되거나 외교적 갈등, 정쟁의 도구로 변질될 위험성도 제기될 수 있습니다. 일각에서 유네스코의 세계유산 등록 사업에 대한 비판론이 끊이지 않고 나오는 이유입니다.

일본군 '위안부'의 목소리

39

한국 최초의
근대 광고는 무엇이었을까?

　우리는 매일 개인 맞춤형 알고리즘 광고를 추천받거나, 지하철과 버스에서 수많은 광고에 노출됩니다. 때로는 필요하지 않았던 물건도 광고를 보고 사고 싶어지거나 과소비를 하게 되는 경우도 있을 정도로 광고는 소비 중심의 자본주의사회에서 필수적인 요소가 되었습니다. 그렇다면 근대 시기 광고는 어떻게 자리 잡게 되었을까요? 또, 한국 최초의 근대 광고는 무엇이었을까요?

　한국에서 최초의 근대 광고는 신문의 등장과 함께 시작되었다고 알려져 있습니다. 한국 최초의 신문은 1883년 한문체로 발행된 《한성순보》였지만, 광고가 처음 등장한 것은 이 신문이 폐간된 뒤 발행된 1886년의 《한성주보》였습니다. 《한성주보》는 1886년 1월 25일 창간호에서 '본국공고本局公告'를 통해 "광고를 광고하는 광고"를 게재했습니다. 그러니까 신문 인쇄를 담당하는 박문국원에 널리 알리고 싶은 것을 알려 주면, 그 내용을 상세히 기재하여 독자에게 전달하겠다는, 광고 모집 광고였던 것입니다.

이후 순한글 신문이자 최초의 민간 신문인《독립신문》도 수입을 확보하기 위해 1899년 6월 2일 자에서 "광고를 해 주겠다는 광고"를 발행했습니다. 이러한 흐름은 대한제국 설립 이후 가장 많은 발행 부수를 기록한 인기 신문인《대한매일신보》에서도 이어졌는데, 대표적인 것이 다음 그림에서 보이는 담배 광고였습니다. 신문 광고들은 신문 경영의 안정성을 확보하려는 시도인 동시에 시장의 성장 가능성을 보여 주는 사례이기도 했습니다.

1919년 3.1운동 이후 조선총독부의 '문화통치'가 시작된 뒤에는 한국어 신문과 잡지가 활발히 발간되었고 광고 또한 크게 늘어났습

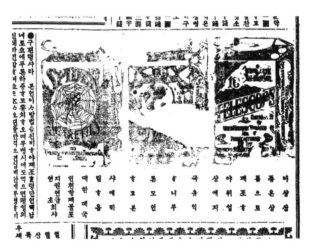

1907년 11월 22일《대한매일신보》에 게재된 담배 광고.

니다. 식민 구조 속에서 조선인들의 낮은 임금과 높은 문맹률로 인해 신문 판매 부수의 확장만으로는 경영이 어려웠던 신문사들이 광고를 생존 전략으로 활용했던 것입니다.

1930년대에는 경성에 백화점이 등장하며 백화점 간 경쟁이 시작되었고, 백화점 광고도 나타났습니다. "세일을 통해 소비를 촉진"하려던 백화점의 전략처럼, 당시 백화점은 소비를 미덕으로 여기는 자본주의 체제를 상징했습니다.

그 시절 백화점을 둘러보고 백화점 식당에서 밥 한 끼를 먹는 것은 동네방네 자랑할 만한 특별한 일이었습니다. 백화점 안을 가득 채운 다양한 상품들, 상냥한 점원들, 그리고 쇼윈도와 에스컬레이터까지, 백화점은 소비자들에게 최고의 구경거리이자 도시의 명물로 자리 잡았습니다. 백화점 광고는 도시의 명물이자 소비 중심지로서 이러한 백화점의 위상을 잘 보여 주는 상징적인 사례라 할 수 있습니다.

《독립신문》에 게재되었던 다양한 광고들.

모던걸과
모던보이는

생필품을 살 때도
백화점으로!

《남선경제신문》에
게재되었던 백화점 광고.

한편 국제 정세를 보여 주는 흥미로운 광고도 있습니다. '정로환'
은 러일전쟁 무렵 일본에서 개발된 설사를 멈추는 약인 지사제로,
오늘날까지 생산되고 있는 약품입니다. 과거에는 배탈이 나면 흔히
"정로환 먹어라"라고 말할 정도로 생활 속에 깊이 자리 잡은 약이기
도 합니다.

정로환은 1904년 러일전쟁 당시 일본군이 사용했던 약에서 유래
했습니다. 일본이 러일전쟁에서 승리한 후 러시아를 정벌征伐했다는
의미를 담아, 당시 러시아를 부르던 명칭인 '로서아露西亞'의 '로' 자를
따서 '정로환征露丸'이라 불렀습니다. 이 약은 일제강점기를 거치며
대만과 조선에도 널리 퍼졌고, 중일전쟁과 태평양전쟁 당시에는 전
쟁의 이미지가 정로환 광고에 활용되기도 했습니다. 그리고 제2차
세계대전 이후 약 이름은 '정로正露'으로 변경되었습니다.

해방 이후에도 지사제에 대한 수요가 이어지며, 한국에서도 일본으로부터 기술을 이전받아 정로환을 생산하기 시작했습니다. 초기에는 동성제약에서만 생산했으나, 시간이 지나며 '정로환'이라는 이름이 보통명사처럼 사용되었고, 다른 제약회사들 또한 이 이름으로 지사제를 생산하게 되었습니다.

이처럼 근대의 광고는 자본주의 체제의 도입과 정착을 상징하는 동시에, 식민지 시대의 사회적 배경을 살펴볼 수 있는 유용한 단서입니다.

《조선시보》에 게재되었던 정로환 광고.

40

크리스마스는 한국에
어떻게 전파됐을까?

1894년 크리스마스이브에 왕실 의료 선교사로 활동하던 언더우드Underwood 여사가 명성황후를 위해 궁궐 나무를 크리스마스 트리로 장식해 선물한 일화는 잘 알려져 있습니다. 기록상 조선의 크리스마스는 1884년에 외국 선교사들이 처음으로 기념했고, 이후 1887년부터는 한국인 신자들과 함께 기념일로 지내기 시작했다고 알려져 있습니다. 그런데 정부가 천주교 신자들을 대대적으로 탄압한 병인박해丙寅迫害를 일으킬 정도로 기독교에 부정적이었던 국가 조선에서 어떻게 기독교 명절인 크리스마스가 전파될 수 있었을까요?

1866년에 병인박해가 일어난 지 불과 10년 만에 조선은 개항하였습니다. 그리고 다시 10년이 지난 1885년 4월 5일, 미국 북감리회 목사인 아펜젤러Appenzeller 부부와 미국 북장로회의 첫 목회 선교사인 언더우드 목사가 현재의 인천 제물포에 도착하였습니다. 처음에 선교사들은 제국주의적 관점에서 비문명 국가에 기독교를 전해야 한다고 생각했지만, 포교 과정에서 조선인들과 직접 만나며 점차 생각을 수정하게 되었습니다. 서양 문화를 일방적으로 전파하기보다, 한국의 기존 문화와 조화롭게 혼합해야 한다는 사실을 깨달았던 것이고, 크리스마스라는 문화 역시 이 과정에서 전파되었습니다.

재미있는 사실은 초기에 조선 선교사들은 크리스마스에 그리 큰 의미를 부여하지 않았고, 특별한 날로 여기지도 않았다는 사실입니다. 기독교 내에서도 다양한 교리 해석이 존재하는데, 그중 미국 청교도는 크리스마스를 기념하지 않는 종파로, 이를 '이교도의 풍습'으로 간주해 폐지한 적도 있었습니다. 청교도 선교사들에게 크리스마스는 종교적인 의미보다는 휴가로서의 의미가 강했으며, 가족끼리 선물을 주고받거나 함께 시간을 보내는 정도로 생각되었습니다.

오히려 조선인들이 1890년대 후반부터 크리스마스를 의미 있는 날로 정착시키기 시작했습니다. 1896년 12월 24일《독립신문》은 "내일은 예수그리스도의 탄신일"이라고 소개하였고, 1899년 12월 27일《대한그리스도인회보》는 "서울 성 안과 성 밖의 예수회 회당과 천주교 회당이 휘황한 등불로 밝아지고, 수많은 사람이 기쁘게 지내니 구세주의 탄일이 대한국에서도 큰 성일이 되었다"라고 보도한 데에서 크리스마스가 정착되어 가는 모습을 볼 수 있습니다.

단순한 휴일에 불과했던 크리스마스가 기념일로 빠르게 정착될 수 있었던 데에는 여러 요인이 있습니다. 연구자들은 크리스마스가 기독교인과 비기독교인을 연결하는 가교 역할을 했다는 점뿐 아니라, 크리스마스가 '선물 받는 날'로 여겨졌다는 점에 주목합니다. 당시 교회에서는 크리스마스를 맞아 신자와 어린이들에게 '크리스마스 상자'라는 선물 꾸러미를 나누어 주었는데, 꾸러미에는 학용품,

우와
선물이다!

사탕, 과자 등이 담겨 있었습니다. 이 이국적이고 풍요로운 선물들은 기독교가 관용적이고 시혜적인 이미지를 갖게 하는 데 큰 기여를 했습니다.

또한 크리스마스는 기존의 동지冬至를 대신하여 한 해를 마무리하는 새로운 절기 의례로 자리 잡았고, 예수의 '탄생일'이라는 점에서 어른의 생일을 모시는 유교적 전통과도 잘 어우러져 조선 문화 속에 자연스럽게 스며들었습니다.

한편, 한국 크리스마스 행사에서 등불을 많이 사용하는 전통은 크리스마스 문화가 현지화된 대표적인 사례로 볼 수 있습니다. 탄생일에 등불을 활용하는 전통은 한국 불교에서 영향을 받은 것으로 보입니다. 재미있는 사실은 불교의 연등 행사 역시 불교가 수용되기 이전부터 한국에 존재하던 '불'에 대한 관념과 결합되어 정착했다는 점입니다. 이처럼 종교의 수용 과정은 그야말로 '혼종混種'의 '연쇄連鎖'의 과정이라고 할 수 있습니다.

여기에 기독교의 현지화 과정에서는 전도 부인Bible woman들의 역할
도 컸습니다. 전도 부인은 1880년대 중반에 주로 여성 선교사들과
적극적으로 협력했던 조선의 기독교 여성들을 말합니다. 이들은 양
반과 중인, 기생과 무당까지 그 출신과 계층이 다양했는데, 대부분
이 뛰어난 지적 능력을 가졌지만 교육의 기회에서 배제되었기에 배
움에 대한 열망이 컸습니다. 특히 조선 말기 기생과 무당은 글을 읽
고 쓸 수 있었기 때문에 성경을 읽고 찬송을 부르며 더 적극적으로
기독교 문화를 전파할 수 있었습니다.

　또한, 당시 높았던 영아사망률로 인해 아이를 가지거나 잃었던 많
은 여성은 여성 선교사들과 깊은 공감대를 형성하게 되었습니다.
이들은 내세에 대한 관심과 죽은 가족과 재회할 수 있다는 믿음을
갖게 되면서 기독교를 받아들였습니다. 이렇듯, 조선의 종교 수용
과정은 일방적인 전파가 아니라 기존 문화와의 혼합과 적용을 통해
이루어진 과정이었고, 이는 크리스마스에서 잘 나타납니다.

그리운 사람들과 꼭 다시
만날 수 있을 거예요.

참고 문헌

1부. 사소해서 물어보지 못했던 근현대사 이야기

1 강화도조약에서 일본은 왜 조선을 자주국으로 인정했을까?

문명기, 「재정사의 각도에서 다시보는 한중관계-조청상민수륙무역장정」, 『19세기 동아시아를 읽는 눈』, 너머북스, 2017.
박준형, 「개항을 바라보는 시선의 (불)연속」, 《역사비평》 114, 2016.
우리역사넷(한국사데이터베이스).

2 민족 대표 33인은 누가 뽑았을까?

정병욱, 『낯선 삼일운동』, 역사비평사, 2022.
김승태, 「무단통치기 조선총독부의 종교정책과 한국 종교계의 동향」, 《한국 기독교와 역사》 47, 2017.
김정인, 「33인 중 '친일 변절' 3명뿐 … 민족 대표를 둘러싼 오해들」, 《한겨레》, 2019.2.28.
이정은, 「3.1운동 민족대표론」, 《한국민족운동사연구》 32, 2002.

3 실제 3.1운동의 모습은 어땠을까?

권보드래, 『3월 1일의 밤』, 돌베개, 2019.
목수현, 「근대국가의 '국기(國旗)'라는 시각문화 - 개항과 대한제국기 태극기를 중심으로」, 《미술사학보》 27, 2006.
이기훈, 「3.1운동과 깃발」, 《동방학지》 185, 2018.

4 의열 투쟁에 사용된 폭탄은 누가 만들었을까?

김영범, 『의열투쟁 I』, 한국독립운동사편찬위원회 독립기념관 한국독립운동사연구소, 2009.
조범래, 『의열투쟁 II』, 한국독립운동사편찬위원회 독립기념관 한국독립운동사연구소, 2009.
김영범, 「1920년 밀양 항일폭탄의거의 배경과 전말」, 《한국민족운동사연구》 85, 2015.
송민지, 「상해 구국모험단의 조직과 활동」, 《한국민족운동사연구》 102, 2020.

5 갑신정변이 실패한 뒤 '반역자' 김옥균은 어떻게 살았을까?

김성혜, 「일본망명자 김옥균 송환을 둘러싼 조일 양국의 대응」, 《대동문화연구》 88, 2014.
이희한, 「명치 일본의 김옥균 서사연구: 김옥균과 한일 서사문학의 관련 양상」, 《한국학연구》 26, 2012.
한성민, 「망명자 김옥균에 대한 일본의 처우와 조선정책」, 《역사와 현실》 109, 2018.

6 의병들은 왜 스스로를 '의병'이라 칭했을까?

김헌주, 「대한제국기 의병운동 참여주체의 지향 재인식」, 《한국사학보》 78, 2020.

김헌주, 「마을 주민의 시선에서 본 의병운동(1894~1909) - 경기도 양근군 분원마을에서 벌어진 의
병과 관군, 일본군의 전투와 마을의 대응」, 《한국사학보》 49, 2012.

7 근대 시기 한국 역사상 최악의 오보는?

정병욱, 『식민지 불온열전』, 역사비평사, 2013.

정용욱, 『해방 전후 미국의 대한정책』, 서울대학교 출판부, 2003.

김동민, 「동아일보의 신탁통치 왜곡보도 연구」, 《한국언론정보학보》 52, 2010.

김진경, 「동아일보 신탁통치 보도 전말-왜곡은 없었다」, 《관훈저널》 158, 2021.

윤휘탁, 「만보산 사건 전후 동북아의 민족관계와 민족모순」, 《역사학보》 210. 2011.

이상경, 「1931년의 배화사건과 민족주의 담론」, 《만주연구》 11, 2011.

최병도, 「만보산 사건 직후 화교배척사건에 대한 일제의 대응」, 《한국사연구》 156, 2012.

네이버 뉴스라이브러리.

8 친일파들은 독립이 절대 안 된다고 생각했던 걸까?

사와이 리에, 김행원 옮김, 『엄마의 게이죠 나의 서울』, 신서원, 2000.

서영채, 「단군 만주, 아첨의 영웅주의: 최남선의 자열서 읽기」, 《한국현대문학연구》 32, 2010.

서은주, 「해방 후 이광수의 '자기서술'과 고백의 윤리」, 《민족문화연구》 58, 2013.

홍종욱, 「중일전쟁기 조선 사회주의자들의 전향과 그 논리」, 《한국사론》 44, 2000.

2부. 보면 볼수록 흥미로운 근현대 문화 이야기

9 옛날에는 소리 내어 책을 읽었다던데 언제부터 조용히 읽는 걸로 바뀌었을까?

송찬섭 외, 『근대적 일상과 여가의 탄생』, 지식의 날개, 2018.

천정환, 「1920~30년대의 책 읽기와 문화의 변화」, 『근대를 다시 읽는다 2』, 역사비평사, 2006.

정경운, 「근대기 종람소 연구」, 《국학연구논총》 22, 2018.

천정환, 「근대 초기의 대중문화와 청소년의 책읽기」, 《독서연구》 9, 2003.

천정환, 「주체로서의 근대적 대중독자의 형성과 전개」, 《독서연구》 13, 2005.

「오인과 독서」, 《조선일보》, 1921.1.25.

10 유행에서 밀려난 혈액형별 성격설은 언제 처음 유행하기 시작했을까?

강태웅, 「우생학과 일본인의 표상-1920~40년대 일본 우생학의 전개와 특성」, 《일본학연구》, 38, 2013.

강태웅, 「지문을 통한 인종식별-제국 일본의 유전학적 지문연구에 대하여」, 《아시아문화연구》

60, 2022.

김옥주, 「경성제대 의학부의 체질인류학 연구」, 《의사학》 17-2, 2008.

오대열, 「A형은 소심하다? 혈액형과 성격, 전혀 상관 없어요」, 《조선에듀》, 2015.10.27.

정준영, 「피의 인종주의와 식민지 의학: 경성제대 법의학교실의 혈액형 인류학」, 《의사학》 21-3, 2012.

11 근현대에 중요한 사건 소식은 사람들에게 어떻게 전파됐을까?

정운현 지음, 『호외, 100년의 기억들, 강화도조약에서 전두환 구속까지』, 삼인, 1997.

최진홍, 「[IT여담] "호외요! 호외!"」, 《이코노믹리뷰》, 2022.7.9.

「이승만 임시정부 대통령 탄핵 알린 '독립신문' 호외 최초 발견」, 《한겨레》, 2018.12.13.

12 언제부터 사진 촬영이 대중화되었을까?

이경민, 『경성, 사진에 박히다』, 산책자, 2008: 『제국의 렌즈』, 산책자, 2010.

김정환·유단비, 「식민지 조선에서 사진의 대중화 과정에 관한 연구」, 《인문콘텐츠》 35, 2014.

이송순, 「한말·일제 초 '지방지식인'의 근대적 제도 및 문물에 대한 경험과 인식 —생활일기류(生活日記類)의 분석을 중심으로」, 《역사문제연구》 18, 2007.

13 근대 여성들은 왜 단발을 선택했을까?

배상미, 「식민지 조선에서의 콜론타이 논의의 수용과 그 의미」, 민족문학사연구소 프로문학반 엮음, 『혁명을 쓰다』, 소명출판, 2018.

정진성 외, 『경계의 여성들: 한국 근대 여성사』, 한울, 2013.

김수진, 「여성의복의 변천을 통해 본 전통과 근대의 젠더정치」, 《페미니즘연구》 7-2, 2007.

류수연, 「단발에 매혹된 근대」, 《현대문학의 연구》 51, 2013.

장원아, 「근우회와 조선여성해방통일전선」, 《역사문제연구》 42, 2019.

한상권, 「1920년대 여성해방론—단발론을 중심으로」, 《사학연구》 87, 2007.

14 고무신은 어떻게 만들어졌을까?

김학재·김성보 외, 『한국현대생활문화사 1950~1980년대』, 창비, 2016.

백욱인, 『번안사회』, 휴머니스트, 2018.

한국사데이터베이스.

15 족보는 왜 일제강점기에 활발하게 발행되었을까?

천정환, 「1920~30년대의 책읽기와 문화의 변화」, 윤해동 외, 『근대를 다시 읽는다 2』, 역사비평사, 2006.

장석만, 「식민지 출판과 양반−1930년대 신조선사의 고문헌 출판 활동과 전통 지식의 식민지 공공성」, 《민족문학사연구》 55, 2014.

장원아, 「1920년대 보천교의 활동과 조선사회의 대응」, 《한국사론》 59.

16 일본인은 조선인이 우물에 독을 풀었다는 루머를 왜 믿었을까?

강경자, 「관동대지진 조선인 학살 전후 '불령선인'을 둘러싼 언설과 시책」, 《日本文化學報》 86, 2020.

강효숙, 「관동대지진 당시 조선인 학살의 의미」, 《전북사학》 52, 2018.

김인덕, 「관동대지진 조선인학살과 일본 내 운동세력의 동향」, 《동북아역사논총》 49, 2015.

김주용, 「거대한 자연재난, 그 뒤에 따라오는 혐오」, 《프레시안》, 2023.2.17.

김효진, 「튀르키예 지진 피해 시리아 난민, 혐오 떠밀려 다시」, 《프레시안》, 2023.2.16

박성호, 「관동대지진 이후 일본 출판콘테츠에 나타난 혐한 의식」, 《열린정신 인문학 연구》 23, 2022.

성주현, 「1923년 관동대지진과 국내의 구제활동」, 《한국민족운동사연구》 81, 2014.

3부. 읽다 보면 빠져드는 근현대 사회 이야기

17 근대 조선 정부는 전염병에 어떻게 대처했을까?

신병주, 『우리 역사 속 전염병』, 매경출판, 2022.

서용태, 「마마와 호열자로 보는 개항기 보건의료」, 《한국문학농촌》 82, 2019.

옥성득, 「전염병과 초기 한국 개신교, 1885~1919」, 《종교문화학보》 17-2, 2020.

이송순, 「한말 일제초 '지방지식인'의 근대적 제도 및 문물에 대한 경험과 인식」, 《역사문제연구》 18, 2007.

18 신분제 폐지 이후 천대받던 백정은 어떤 삶을 살았을까?

만인만색연구자네트워크 엮음, 『한뼘 한국사』, 푸른역사, 2018.

박세경, 「1920년대 조선과 일본의 신분해방운동」, 《일본근대학연구》 23, 2009.

신종한, 「근대 신분제도의 변동과 일상생활의 재편-형평운동과 백정들의 일상」, 《동양학》 47, 2010.

전흥우, 「일제강점기 강원지역 형평운동」, 《인문과학연구》 38, 2013.

19 개항기에 외국인들과 의사소통은 어떻게 했을까?

김동철, 「동래부 소통사 김채길 관련 준호구와 그의 개항 전후 활동」, 《한국민족문화》 69, 2018.

백옥경, 「개항기 번역관의 신설과 운영」, 《향토서울》 88, 2014.

신세완, 「18~19세기 의주부 소통사의 존재양상과 활동」, 《지역과 역사》 41, 2017.

20 일제강점기 조선에 살던 민간 일본인은 조선인과 어떻게 지냈을까?

이규수, 『제국과 식민지 사이: 경계인으로서의 재조일본인』, 어문학사, 2018.

이형식, 『제국과 식민지의 주변인』, 보고사, 2013.

고태우, 「개발의 문턱 앞에서: 1920년대 식민지 조선의 개발운동」, 《사회와 역사》 128, 2020.

21 일주일을 7일로 세는 시간 셈법은 어떻게 대중화되었을까?

송찬섭 외, 『근대로의 전환』, 지식의 날개, 2018.
정상우, 「개항 이후 시간 관념의 변화」, 《역사비평》 50, 2000.
조현범, 「일요일의 종교사」, 《종교연구》 32, 2003.

22 언제부터 호패 대신 민증을 사용했을까?

이경민, 『경성, 사진에 박히다』, 산책자, 2008.
김영미, 「해방 이후 주민등록제도의 변천과 그 성격-한국 주민등록증의 역사적 연원」, 《한국사연구》 136, 2007 .
설현지, 「17세기 전반 호패법 시행 과정 연구」, 《대구사학》 144, 2021.

23 한국의 교육열은 언제부터 심해졌을까?

나카바야시 히로카즈, 「1910년대 공립보통학교 취학욕구의 고조」, 《역사교육》 136, 2015.
윤현상, 「1920년대 총독부 교육재정 정책의 변화와 공립보통학교 설립열의 확산」, 《역사문제연구》 제35호, 2016.
윤현상, 「1920년대 군산 지역 학교 설립 과정에서의 민족 간 협력과 갈등」, 《역사문제연구》 42, 2019.
정고운, 「애국계몽운동과 근대적 교육열의 형성」, 《한국사회학회 사회학대회 논문집》 1, 2009.

24 일제강점기 경성에서도 집 구하기 어려웠을까?

송찬섭 외, 『근대로의 전환』, 지식의 날개, 2018.
김윤경, 「일제강점기 인천의 주택난과 조선대가조합령」, 《인천학연구》 30, 2019.
이명학, 「일제시기 주거생활개선운동의 추이와 조직화 양상」, 《민족문화연구》 89. 2020.

4부. 알고 나면 더 재밌는 근현대 운동 이야기

25 독립운동가의 가족들은 어떻게 살았을까?

윤정란, 「독립운동가 가족구성원으로서 여성의 삶」, 《한국문화연구》 14, 2008.
전영욱, 「식민지기 서대문형무소 주변의 옥바라지」, 《도시연구》 16, 2016.

26 유관순의 수형 번호에 얽힌 흥미로운 이야기는?

이경민, 『경성, 사진에 박히다』, 산책자, 2008.
정병욱, 『낯선 삼일운동』, 역사비평사, 2022.
박경목, 「일제강점기 작성된 독립운동가들의 수형기록 문화재로 다가오다」, 《기록인》 44, 2018.

이애숙, 「일제감시대상 인물카드 해제」(국사편찬위원회 홈페이지)

27 일제강점기 조선인 노동자들의 대우는 어땠을까?

배성준, 『한국 근대 공업사』, 푸른역사, 2022.
박진서, 「전시체제기 강제동원 조선인 노무자의 '노동재해'」, 인하대학교 대학원 문학석사학위 논문.
양지혜, 「전시체제기 일본질소 흥남비료공장의 임금규정과 '민족문제'」, 《사학연구》 127, 2017.
정혜경, 「일제말기 홋카이도 스미토모 고노마이 광업소 조선인 노무자 노동재해 관련 기록물 연구」, 《韓日民族問題研究》 30, 2016.

28 씨 없는 수박은 누가 최초로 개발했을까?

김근배, 「과학으로 시대의 경계를 횡단하다-이태규, 리승기, 박철재의 행로」, 《대동문화연구》 106, 2019.
서금영, 「우장춘, 과연 씨 없는 수박 최초 개발자?」, 《KISTI의 과학향기》, 2007.2.28.
정종현, 「과학과 내셔널리즘 - '해방전후' 과학(자)의 이동과 우장춘 서사의 과학담론을 중심으로」, 《상허학보》 39, 2013.

29 지금의 상식은 언제부터 상식이었을까?

소피아 로젠필드, 정명진 번역, 『상식은 왜 포퓰리즘이 되었는가?』, 부글북스, 2021
류시현, 「일제강점기와 해방 후 최남선의 '조선상식' 정리와 한국학의 대중화」, 《대중문화연구》 114, 2021.
이행선, 「1920년대 초중반 상식담론과 상식운동」, 《상허학보》 43, 2015.
이행선, 「식민지 조선의 경제공황과 경제상식」, 《한국민족문화》 54, 2015.

30 왜 신여성은 있는데 신남성은 없을까?

배상미, 「식민지 조선에서의 콜론타이 논의의 수용과 그 의미」, 민족문학사연구소 프로문학반 엮음, 『혁명을 쓰다』, 소명출판, 2018.
정진성 외, 『경계의 여성들: 한국 근대 여성사』, 한울, 2013.
김수진, 「여성의복의 변천을 통해 본 전통과 근대의 젠더정치」, 《페미니즘연구》 7-2, 2007.
류수연, 「단발에 매혹된 근대」, 《현대문학의 연구》 51, 2013.
장원아, 「근우회와 조선여성해방통일전선」, 《역사문제연구》 42, 2019.
한상권, 「1920년대 여성해방론-단발론을 중심으로」, 《사학연구》 제87호, 2007.

31 전봉준은 왜 '녹두 장군'이라고 불렸을까?

김현주, 「1894년 동학 반동학 세력의 '의거' 선취 투쟁과 지역 사회의 대응」, 배항섭 외 엮음, 『19세기 동아시아를 읽는 눈』, 너머북스, 2017.

임화, 『신문학사』.

『한국민요대전 - 전라북도민요해설집』, 문화방송, 1995.

김문자, 「전봉준의 사진과 무라카미 텐신」, 《한국사연구》 154, 2011.

32 일제강점기에 우리나라가 일본에 선전포고를 했다고?

김광재, 『한국광복군』, 한국독립운동사편찬위원회, 2007.

염인호, 『조선의용군의 독립운동』, 나남출판사, 2001.

김광재, 「조선의용군과 한국광복군의 비교 연구」, 《사학연구》 84, 2006.

김선호, 「1940년 전후 동북항일연군, 조선의용군의 변화와 중국 소련관계」, 《정신문화연구》 40-2, 2017.

김주용, 「1940년대 항일무장단체의 실상」, 《동국사학》 43, 2007.

한국사데이터베이스(https://db.history.go.kr/)

5부. 한 번쯤은 궁금했던 근현대 생활 이야기

33 자유연애는 언제부터 시작되었을까?

고미숙, 『연애의 시대: 근대적 여성성과 사랑의 탄생』, 북드라망, 2014.

권보드래, 『연애의 시대: 1920년대 초반의 문화와 유행』, 현실문화연구, 2003.

권보드래, 「'연애'의 현실성과 허구성: 한국 근대 연애 개념의 형성」, 《문학 사학 철학》 14, 2008.

34 트로트는 어디서 기원했을까?

백욱인, 『번안 사회』, 휴머니스트, 2018.

송찬섭 외, 『근대적 일상과 여가의 탄생』, 지식의 날개, 2018.

장유정, 『근대 대중가요의 지속과 변모』, 소명출판, 2012.

35 해외에 있는 우리 문화재를 왜 돌려받기 어려운 걸까?

김경민, 『그들은 왜 문화재를 돌려주지 않는가』, 을유문화사, 2019.

박선희, 「문화재 원소유국 반환과 프랑스의 입장」, 《국제정치논총》 51, 2011.

이근관, 「문화재의 기원국 반환의 최근 동향-이탈리아 사례를 중심으로」, 《서울국제법 연구》 15, 2008.

이기환, 「한국도 '약탈문화재 보유국'이지만..오타니 유물 1500여점 반환해야 하나 [이기환의 History]」, 《경향신문》 2021.3.29.

이승호, 「일제 약탈문화재 전시?…'오타니 컬렉션' 논란 박물관은」, 《중앙일보》, 2018.1.5.

정창호, 「박치성, 문화재 환수정책설계 연구: 프랑스 외규장각 의궤 반환 정부 간 협상 사례를 중심으로」, 《한국행정연구》 24, 2015.

36 한국 최초의 만화는 무엇일까?

윤기헌, 『동아시아 근대 만화사 산책』, 부산대학교출판부, 2015.

하종원, 「식민지 조선의 신문연재만화의 즐거움과 욕망」, 《사회과학연구》 30-1, 2019.

《조선일보》 1924년 10월 12~13일 '멍텅구리 헛물켜기'.

37 여름 납량 특집은 어떻게 시작되었을까?

염원희, 「일제강점기 괴담의 특징과 현대 도시전설의 형성에 관한 시고」, 《한국민족문화》 69, 2018.

이주라, 「식민지 시기 괴담의 출현과 쾌락으로서의 공포」, 《한국문학이론과 비평》, 61, 2013.

이주라, 「일제강점기 괴담의 특징과 한국 공포물의 장르적 관습」, 《우리문화연구》 45, 2015.

38 유네스코 세계유산 등록은 정말 좋기만 한 일일까?

류석진 외, 『위기의 UNESCO, 어디로 갈 것인가』, 유네스코한국위원회, 2013.

강동진 외, 「세계유산의 등재, 그 의미와 보존 관리의 현안」, 《도시정보》 374, 2013.

김정현, 「한중일의 일본군 '위안부' 기록물 발굴성과와 과제」, 《한일관계사연구》 69, 2020.

서재권, 「세계의 문화유산 등재 전쟁과 우리의 문화재 정책 방향 검토」, 《법학연구》 22, 2019.

한혜인, 「일본의 전쟁 기억을 둘러싼 역사전」, 《백산학보》 117, 2020.

황선익, 「일본의 '유네스코 세계유산' 등재와 동북아 역사갈등」, 《일본공간》 19, 2016.

39 한국 최초의 근대 광고는 무엇이었을까?

권창규, 『인조인간 프로젝트: 근대 광고의 풍경』, 서해문집, 2020.

신입섭, 『한국광고사』, 나남, 1986. ˙

신인섭 외, 『눈으로 보는 한국광고사』, 나남, 2001.

정현권, 「정로환, 고유명사인가 보통명사인가」, 1996.4.26. 《매일경제》 ; 「보령제약 '정로환 분쟁'
　　승소」, 《매일경제》, 1998.12.16.

「"정로환, 고유상표 아니다" 판결」, 《한겨레》, 1997.9.14.

「변함없는 우리의 약-동성 정로환」, 《경향신문》 1996.7.19.

「정로환의 70년분쟁 – 신용있는 상표는 무한한 재산」, 《特協》 6-9, 한국발명진흥회, 1981.

40 크리스마스는 한국에 어떻게 전파됐을까?

옥성득, 『한국 기독교 형성사』, 새물결플러스, 2020

김은정, 「미국 북장로회 전도부인의 기원과 신앙에 관한 탐구」, 《한국여성신학》 93, 2021.

류대영, 「해방 이전 한국 개신교 여성에 관한 연구」, 《한국 기독교와 역사》 47, 2017.

방원일, 「한국 개신교 의례의 정착과 혼합 현상에 관한 연구」, 서울대학교 석사학위논문, 2001.

도판 크레디트

54쪽 천안박물관에서 작성하여 공공누리 제1유형으로 개방한 "대동아공영권지도".

79쪽 국립한글박물관에서 작성하여 공공누리 제1유형으로 개방한 "동아일보 호외(손기정의 마라톤대회 우승 기사)" "서울신문 호외(여운형 피살 기사)" "중앙일보 호외".

90쪽 국립한글박물관에서 작성하여 공공누리 제1유형으로 개방한 "신여성 제6권 제2호" "여성 제4권 제10호" "춘추 11월호".

95쪽 (좌) 천안박물관에서 작성하여 공공누리 제1유형으로 개방한 "활표고무 광고안내문 포스터".

95쪽 (우) 국립민속박물관에서 작성하여 공공누리 제1유형으로 개방한 "대륙고무신 광고지".

121쪽 국립중앙박물관에서 작성하여 공공누리 제1유형으로 개방한 "사료조사1 함남홍원 백정과 도축작업".

145쪽 국립민속박물관에서 작성하여 공공누리 제1유형으로 개방한 "경상북도 도민증(慶尙北道 道民證)".

146쪽 국립민속박물관에서 작성하여 공공누리 제1유형으로 개방한 "서울특별시민증(서울特別市民證)".

165쪽 국립춘천박물관에서 작성하여 공공누리 제1유형으로 개방한 "서대문형무소 전경 사진 엽서".

177쪽 국립춘천박물관에서 작성하여 공공누리 제1유형으로 개방한 "함흥 비료공장과 댐 사진 엽서".

187쪽 국립한글박물관에서 작성하여 공공누리 제1유형으로 개방한 "조선물산장려회보 제1권 제2호".

207쪽 문화재청에서 작성하여 공공누리 제1유형으로 개방한 "한국광복군 서명문 태극기".

218쪽 국립민속박물관에서 작성하여 공공누리 제1유형으로 개방한 "음반-채규엽".

225쪽 국립중앙박물관에서 작성하여 공공누리 제1유형으로 개방한 "왕의 서고書庫'를 열다, 국립중앙박물관'외규장각 의궤실".

226쪽 국립중앙박물관에서 작성하여 공공누리 제1유형으로 개방한 "복희와 여와" "천부 흉상".

사소해서 물어보지 못했지만 궁금했던 이야기 1

1판 1쇄 인쇄 2025년 1월 20일
1판 1쇄 발행 2025년 2월 5일

기획 사물궁이 잡학지식
지은이 김명재
펴낸이 김영곤
펴낸곳 (주)북이십일 아르테

책임편집 최윤지 **기획편집** 장미희 김지영
일러스트 빅포레스팅 **디자인** 채홍디자인
마케팅 남정한 나은경 최명열 한경화 권채영
영업 변유경 한충희 장철용 김영남 강경남 황성진 김도연
제작 이영민 권경민

출판등록 2000년 5월 6일 제406-2003-061호
주소 (10881) 경기도 파주시 회동길 201(문발동)
대표전화 031-955-2100 **팩스** 031-955-2151 **이메일** book21@book21.co.kr

ISBN 979-11-7357-082-7 (04900)
   979-11-7357-085-8 (세트)

아르테는 (주)북이십일의 문학·교양 브랜드입니다.

(주)북이십일 경계를 허무는 콘텐츠 리더

_____

페이스북 facebook.com/21arte 블로그 arte.kro.kr
인스타그램 instagram.com/21_arte 홈페이지 arte.book21.com